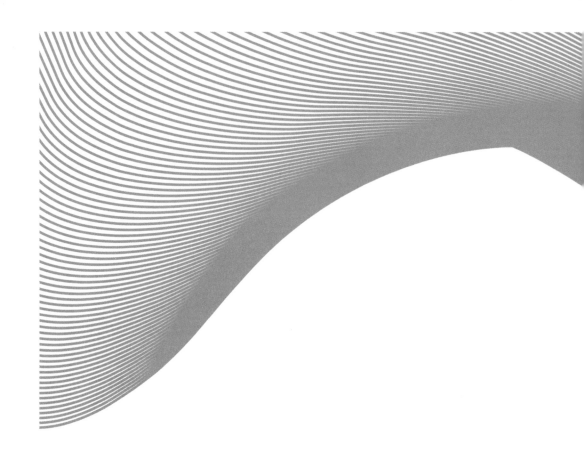

技能型
社会建设

与职业教育的
使命担当

贾旻 · 著

JINENG XING
SHEHUI JIANSHE

YU ZHIYE JIAOYU DE
SHIMING DANDANG

山西出版传媒集团

三晋出版社

图书在版编目（CIP）数据

技能型社会建设与职业教育的使命担当 / 贾旻著

太原：三晋出版社，2024.7. -- ISBN 978-7-5457-2114-0

I. G719.2

中国国家版本馆CIP数据核字第202459N9B6号

技能型社会建设与职业教育的使命担当

著　　　者	：	贾　旻
责 任 编 辑	：	落馥香
出 版 者	：	山西出版传媒集团·三晋出版社
地　　　址	：	太原市建设南路 21 号
邮　　　编	：	030012
电　　　话	：	0351-4956036（总编室）
		0351-4922203（印制部）
网　　　址	：	http://www.sjcbs.cn
经 销 者	：	新华书店
承 印 者	：	山西铭视速珑印刷有限公司
开　　　本	：	720mm×1020mm　1/16
印　　　张	：	14
字　　　数	：	260 千字
版　　　次	：	2024年7月　第1版
印　　　次	：	2024年8月　第1次印刷
书　　　号	：	ISBN 978-7-5457-2114-0
定　　　价	：	68.00元

如有印装质量问题，请与本社发行部联系　电话:0351—4922268

建设技能型社会，职业教育的使命担当何在（代前言）

2021 年 4 月，全国职业教育大会创造性地提出建设"技能型"社会的理念；10 月，中共中央办公厅、国务院办公厅印发《关于推动现代职业教育高质量发展的意见》，明确提出"到 2025 年，职业教育类型特色更加鲜明，现代职业教育体系基本建成，技能型社会全面推进"，"到 2035 年，职业教育整体水平进入世界前列，技能型社会基本建成"的发展目标；2022 年 4 月，新修订的《中华人民共和国职业教育法》提出"建设教育强国、人力资源强国和技能型社会"。从政策文件的提出到职教法律的明确，建设技能型社会正在逐步上升为国家技能战略乃至技能强国战略，以改变我国"重学历、轻技能"的传统观念，鼓励更多劳动者特别是青年人选择"技能成才、技能报国"之路。目前我国社会面临着从"学历社会"到"技能社会"的转变，需要实现社会人才选拔从"学历"维度到"能力"维度的转变。

自 1977 年恢复高考以来，我国高等教育发展走上快车道，40 余年取得历史性成就。1978 年，全国共有普通高等学校 598 所，普通本专科在校学生人数 85.6 万人，招生人数 40.2 万人，毕业生人数 16.5 万人；到 2023 年，全国共有高等学校 3013 所，其中，普通本科学校 1239 所，职业本科学校 32 所，职业专科学校 1489 所，成人高等学校 253 所，以及其他培养研究生的科研机构 234 所。普通本专科在校学生人数 3659.4175 万人，招生人数 1014.5421 万人，毕业生人数 967.2565 万人。[①]目前，我国已

---

①教育部.2022 年全国教育事业发展统计公报 [EB/OL].http://www.moe.gov.cn/jyb_sjzl/sjzl_fztjgb/ 202307/t20230705_1067278.html.

建成世界最大规模的高等教育体系，接受高等教育人口达 2.4 亿。按照马丁·特罗（Martin Trow.）的大众化发展理论，毛入学率是衡量高等教育发展水平的重要标准。高等教育规模发展到能为 15% 左右的适龄青年提供学习机会之前，精英性质基本上不会改变，超过 15% 时，高等教育系统的性质开始转向大众化，超过 50% 时，高等教育开始快速迈向普及化阶段。2008 年，我国高等教育毛入学率达到 23.3%，"在人均国内生产总值一千多美元的条件下，中国高等教育发展实现了从精英教育到大众化，用十年走过了其他国家三十年、五十年甚至更长时间的道路"；①2021 年，高等教育毛入学率达到 57.8%，实现历史性跨越，进入世界公认的普及化发展阶段。

随着接受高等教育人数的增长，我国逐步从人口红利转向人才红利。学历文凭逐渐失去选拔意义。事实上，由于信息不对称和不完全，用人单位存在将求职者的群体特征推断为个体特征，带来不利群体的就业歧视，不利于经济发展与社会稳定。因此，需要打破劳动力市场存在的不合理求职门槛，扩大人才选拔范围，建立以品德和能力为导向、以岗位需求为目标的人才选拔机制，让更多有真才实学的技术技能人才得以被发现，形成"不拘一格降人才"的选拔氛围。

从国际范围来看，我国人才竞争力相比发达国家尚存在较大提升空间。因此，21世纪以来，国家逐渐重视人才工作，重视技术技能人才培养，加强技能社会建设。一是从国家战略层面，明确构建终身职业教育与培训体系，健全终身职业教育与培训制度，并将其视为强国战略的重要组成部分。2018 年，《关于推行终身职业技能培训制度的意见》明确提出"构建终身职业技能培训体系"，"深化职业技能培训体制机制改革"，"提升职业技能培训基础能力"，全面提升劳动者就业创业能力，缓解技能人才短缺的结构性矛盾，提高劳动者就业质量。2022 年，习总书记在二十大报告中再次强调，"健全终身职业技能培训制度"，加快建设包括大国工匠和高技能人才在内的"国家战略人才力量"，"建设全民终身学习的学习型社会、学习型大国"，指出这是职业教育更好融入科教兴国战略、人才强国战略和创新驱动发展战略的三个重要努力方向。

---

① 中国高等教育规模居世界首位进入大众化阶段［EB/OL］.https://gaokao.chsi.com.cn/gkxx/ss/200909/20090914/32681352.html.

事实上，2021 年《人力资源社会保障部关于印发"技能中国行动"实施方案的通知》决定在"十四五"期间，大力实施"技能中国行动"，以培养高技能人才、能工巧匠、大国工匠为先导，带动技能人才队伍梯次发展，形成基本满足我国经济社会高质量发展需要的技能人才队伍。

从教育质量来看，明确大力发展高质量职业教育与培训，提升全民技能素养，实现高素质技术技能人才供给。2021 年，《关于推动现代职业教育高质量发展的意见》明确，职业教育是国民教育体系和人力资源开发的重要组成部分，前途广阔、大有可为。因此，需要强化职业教育类型特色，完善产教融合办学体制，创新校企合作办学机制，深化教育教学改革，打造中国特色职业教育品牌。四十余年，我国逐步构建起纵向贯通、横向融通的现代职业教育体系。目前全国职业院校共开设 1300 余个专业和 12 万余个专业点，基本覆盖了国民经济各领域，是我国成为世界唯一拥有全部工业门类的国家和世界第二大经济体的重要支撑。我国职业教育人才培养标准和专业建设质量也开始获得国际广泛认同，中国特色职业教育标准体系开始走进"一带一路"沿线国家乃至西方发达国家。在进入提质培优、增值赋能新阶段时，职业教育与培训更应该承担起"技能让人民生活更美好"的重任。

目　录

上篇 迈向技能型社会:
从"技能政策"到"技能战略"

世界人才中心正在从欧美向亚洲转移,①新兴国家正在成为人才动态变化的核心引擎。②世界 38 个主要国家的人才竞争力指数排名前十名的是 5 个欧美国家、5 个亚洲国家。从人才规模、人才环境、人才投入、人才效能、人才质量等指标来看,中国人才规模指标得分最高,人才质量得分最低。总体来看,中国位居第八,与其经济体量在世界上的位置相比稍有落后。③

那么,在全球人才竞争呈现持续加剧的态势之下,中国将如何迎接新一轮全球人才竞争,聚天下英才而用之?技能和教育仍将是使工人能够为其经济和社会做出有意义贡献的重要工具,④因此,教育领域必须认真思考并做出积极回应。

---

① 全球化智库课题组. 全球人才流动趋势与发展报告(2022)[R].https://www.163.com/dy/article/HLJQEG 1P0519PJJ6.html.

② NSEAD.The Global Talent Competitiveness Index 2023:What a Difference Ten Years Make What to Expect for the Next Decade[EB/OL].https://www.insead.edu/system/files/2023−11/gtci−2023−report.pdf.

③ 全球化智库课题组.全球人才流动趋势与发展报告(2022)[R].https://www.163.com/dy/article/HLJQEG 1P0519 PJJ6.html.

④ INSEAD.The Global Talent Competitiveness Index 2023:What a Difference Ten Years Make What to Expect for the Next Decade[R].https://www.insead.edu/system/files/2023−11/gtci−2023−report.pdf.

第一章 迈向技能型社会:内涵、特征与理论基础

第一节 技能型社会的内涵与特征①

2021年,全国职业教育大会首次提出建设"技能型社会",《关于推动现代职业教育高质量发展的意见》明确提出"到2025年,职业教育类型特色更加鲜明,现代职业教育体系基本建成,技能型社会全面推进","到2035年,职业教育整体水平进入世界前列,技能型社会基本建成"②的战略目标。技能型社会建设成为我国推进经济社会发展、加强技术技能人才队伍建设的重要举措。

一、技能型社会的内涵

自"技能型社会"概念提出以来,国内学者从不同研究视角对其进行界定。

从个体技能养成角度来说,技能型社会是人人接受职业教育与培训,人人学习技能,人人拥有技能,全民提升技能的充满技能学习氛围的社会(于莎等,2022);③

---

① 贾旻,王慧泽.技能型社会建设的标准体系与实现路径[J].中国成人教育,2023(22):17-23.

② 中办国办.2035年基本建成技能型社会《关于推动现代职业教育高质量发展的意见》[EB/OL].http://career.youth.cn/Zxzx/202110/t20211014_13261032.htm.

③ 于莎,张天添.技能型社会下高素质农民核心素养:生成机制与培育路径[J].中国职业技术教育,2022(6):22-30.

从社会技能需求角度来说，技能型社会是在吉登斯社会投资型国家模式下的一种促进技能知识积累和技能习得的社会发展理念（张学英等，2022），[①]其建设涉及社会形态、社会心理与制度建设三个层面（唐智彬等，2022）；[②]

从技能文化价值角度来说，技能型社会是以"人人都有人生出彩的机会"、以"全面发展的人"为价值追求，推动利他性社会观念的形成（袁平凡，2022），[③]关涉整个社会和教育体系的文化和价值重构（李玉静，2021）。[④]

"技能型社会"是由"技能"与"社会"两个核心要素构成，前者是对后者的限定与描述。因此，技能型社会本质上讲，是以"技能"要素作为其社会特征的一种社会形态，不同于当前以"学历"为主要表征的学历型社会形态。"技能"对个体而言，是安身立命之所，是个体生存与发展的手段；对社会而言，是经济财富的催生器，是关乎国家命运的基石；就文化价值而言，是社会文化精神，是支撑社会发展的文化底蕴。基于此，本书将"技能型社会"界定为：具有浓厚的技能文化氛围，以技能人才培养为核心，以社会群体技能促进国家整体技能水平提升为追求的新型社会形态。

二、技能型社会的特征

从本质上讲，技能型社会体现为技能性。技能型社会培养的是技能人才及创新型人才。技能人才的成长就是自身技能从无到有、从有到优、从优到精的形成过程，这种形成的结果不仅仅体现为个体技能提升，而且表现为社会整体技能水平的高质量发展，技能成为集体意义上的社会"公共物品"，具有非排他性，每个人均有权获得。从供给体系来说就是具备技能形成的供给能力，在技能型社会背景下，多方利益主体能够"以一种系统性的路径把技能发展与更广泛的经济、企业和社会发展战略有效结合，为所有学习者提供系统化、终身化的学习路径"，[⑤]为技能形成与发展提供稳定性、可

① 张学英,张东.技能型社会的内涵、功能与核心制度[J].职教论坛,2022(1):35-41.
② 唐智彬,杨儒雅.论我国技能型社会的结构与运行机制[J]中国职业技术教育,2022(6):11-21.
③ 袁平凡.我国技能型社会构建的文化逻辑[J].职业技术教育,2022(19):13-19.
④ 李玉静.技能形成:内涵与目标[J].职业技术教育,2019(7):1.
⑤ 李玉静.技能形成:内涵与目标[J].职业技术教育,2019(7):1.

持续性的体系支撑。从价值指向来说就是形成"容技、尊技、用技"的社会氛围,即容纳技能,让技能成为个体发展、社会进步的傍依手段;尊重技能、尊崇技能人才,让技能成为人才结构、社会结构的基石;应用技能,重视技能发展在社会经济发展中的核心地位,让技术技能成为带动社会发展的重要引擎。

从构建方式上讲,技能型社会具有开放性与合作性。技能型社会作为一种可持续发展的新型社会形态,是以经济系统、政治系统、社会系统以及文化系统为基础,在子系统相互交融中确保社会的延续与发展,因此,它不是一个封闭性的社会形态,而是呈现出不同亚系统之间相互影响的开放性状态,其建设发展不仅仅是教育领域的任务,而是涉及社会各系统要素的相互配合。在此基础上的合作就是不同领域的实施主体由脱节分散的被动状态转化为衔接合作的积极状态。根据美国经济学家诺思对组织维度的划分,将组织分为政治组织、经济组织、教育组织、社会组织。政府组织具有国家意志的权威性,为技能发展提供制度、政策等顶层设计;社会组织为技能普及提供资源环境,技能社会的发展离不开行业与其他协会参与度的提升,可以有效协调社会资源,促进资源整合,提高使用效率;教育组织推动技能发展,技能习得离不开职业教育与培训,产教融合、校企合作是培养技能人才的"中枢神经"。经济组织是实现技能人才社会化、技能实践化的主要载体,承担社会劳动力深入培养、建设技术技能实践场所、提供工作环境场所等责任。不同组织之间职责明确、共同合作,突破技能发展的外部环境局限,共同服务于社会技术技能水平的提高。

从辐射范围来讲,技能型社会具有全民性和终身性。技能型社会的主体覆盖全体国民。从个体发展角度来说,不同年龄阶段的人、不同劳动技能层次的人、不同劳动能力的人、不同分布区域的人都可得到平等的技能学习机会,每个成员均可根据自身需求,通过国家提供的技能学习途径习得技能。如社会弱势群体均可通过技能学习,为自身赋能,实现人生价值与社会价值;低级、中级、高级技能人才皆可根据自身职业规划学习相适应的技能段位,实现人职匹配。从社会供给角度来说,上述提到的不同组织能够为社会群体提供技能实践机会与平台,提供就业信息,缓解技能人才短缺,关注潜在技能人才,提高技能型人力资本存量。技能社会覆盖全技能范畴,不仅包含生存生产所需的就业公共服务,也包含基本劳动技能、生活休闲技能、数字技术技能等。[①]此外,技能社会中的技术技能学习贯穿个体职业生涯始终。终身教育思想、学习型社会理念的提出与发展奠定了社会终身学习氛围的基础,个体发展需要终身学习相关技术技能以适应经济社会变化。从个体纵向发展角度来说,大都处于从低层次到高层次的动态发展过程,要求个体全生命周期的可持续性学习,以避免因劳动力市场结构变化等因素造成人力资本贬损,出现诸如技术性失业等现象。从个体横向发展角度来说,"知识与技能存量在爆炸式增长的同时也在迅速折旧,"[②]需要个体持续性地学习知识与技能,具备职位变动、换岗晋升所需的核心素质、关键能力,技能型社会将为个体发展提供可持续性的技能学习机会。

第二节　技能型社会的理论基础与实践对话

加快建设国家重视技能、社会崇尚技能、人人学习技能、人人拥有技能的技能型社会,既需要实践探索,也需要对话理论,特别是新人力资本理论、技能匹配理论与技能形成理论,丰富其学理意蕴。

一、新人力资本理论及其对话

人力资本理论的诞生与人类对社会经济发展的追求密切相关。舒尔茨作为人力资本理论的奠基人,认为人力资本主要指凝聚在劳动者身上的知识、健康、技能及其所体现出来的劳动能力,这成为经济发展的主要增长因素。既然人力资本是把人作为资本来投资的, 那么, 投资在劳动者上能够增长劳动者能力的都可称为人力资本投资,教育、培训等被视为最主要的人力资本投资。与之相伴随地便是将教育看作是拉

---

①刘晓,王海英.技能型社会下职业教育公共服务的现实诉求、体系构建与实施路径[J].现代教育管理,2022(6):90-98.

②于莎,张天添.技能型社会下高素质农民核心素养:生成机制与培育路径[J].中国职业技术教育,2022(6):22-30.

动经济的增长引擎,更加关注教育对人的智力、技能等认知能力的培养,以此来实现劳动者收入及拉动经济社会增长。但在实际情况中,教育对个体的投资并不代表能够得到良好的经济回报,一些国家"过度教育",而经济却呈现倒退趋势。由此,以认知能力和非认知能力为核心的新人力资本理论被越来越多的学者所认可。新人力资本论与传统人力资本理论的区别在于:

第一,新人力资本理论更多关注非认知能力。当前教育过于关注个体的技术技能等认知能力的发展,在一定程度上忽略了存在于技术技能背后的非认知能力发展。实验表明,非认知能力对个体后天行为影响更大,对个体职业行为的选择也具有显著影响,[1]思维开通性、尽责性、外倾性等非认知能力对劳动者的工资收入具有显著的促进作用,其重要性不亚于传统人力资本关注的核心变量——受教育年限。[2]因此,教育应当更多强调人的全面发展,尤其非认知能力的培养,以"焕发公民的权利意识、责任意识、参与意识"。[3]

第二,传统人力资本理论把个体技能形成多归功于学校教育,忽略了学前抚育与职后培训,[4]同时人的技能学习具有周期性,家庭早期投资对后续个体能力延续发展具有重要影响,应当关注个体技能学习的周期性,先天能力不足,也可通过后天培育得到发展。技能型社会具有明显的全民性和终身性特征。因此,新人力资本理论为其搭建了理论基础,即基于家庭的早期对个体能力培养的重要性,国家应当关注个体早期教育,对弱势家庭的儿童进行早期政策支持应该是国家人力资本投资政策的重点,并能够追加投资,以此满足技能社会的多类型人才需要。如果将教育等同于技术培训,将技能人才等同于高级机器,缺乏对非认知能力的培养,那么教育就成为一种没有温度的被动式学习,而人才也成为一具没有精神内涵的躯壳。

① 李晓曼,曾湘泉.新人力资本理论——基于能力的人力资本理论研究动态[J].经济学态,2012(11):120-126.

② 乐君杰,胡博文.非认知能力对劳动者工资收入的影响[J].中国人口科学,2017(4):66-76+127.

③ 吴爱军.公民教育的政治蕴涵及其时代价值——基于我国公民社会成长的视角[J].南京政治学院学报,2008(6):58-61.

④ 李永春,刘天子.人力资本理论的发展及其公共教育政策的呈现[J].教育与经济,2022(3):73-80.

从经济学视域来看，技能型社会是对技能进行投资的社会。新人力资本理论要求关注技能人才的认知能力与非认知能力的共同培养，根据人的发展周期性、关键期，有针对性地进行技能投资，并通过后天习得进行可持续性投资，以达到个体、社会更大程度的经济回报。

二、能岗匹配、技能错配及其对话

20世纪初，泰罗、法约尔、韦伯等人提出能岗匹配理论，旨在最大限度挖掘员工潜能，提高组织效能和绩效。能岗匹配理论是关于个体个性特征与岗位性质相一致的理论，认为个体差异普遍存在，进行职业决策时，应根据能力、技能和经验来匹配与之对应的岗位种类，这是人才管理过程中的重要环节。个体与岗位协调性高，则提高工作效率，反之，降低工作效率。此外，西方社会在研究技能供需时提出"技能错配"（skill mismatch）概念，解释的是技术技能人才供需失衡问题。技能错配一般分为三种类型——技能过度（over skilling），即个体技能超过工作需要，技能不足（under skilling），即个体技能低于工作所需的平均技能水平，以及领域错配（domain mismatch），即技能人才供给与产业人才需求领域错位，表明技能没有得到有效利用。技能匹配主要涉及人岗匹配、工作匹配，即个体技能与企业岗位需求相匹配，并能胜任相关工作内容实现职务晋升、能力提升。

职业教育是培养技术技能人才的中坚力量，受社会认可度低、体系不完善等问题影响，职业教育颇受冷落，成为退而求其次的选择。因此，职业教育的应有功能发挥较弱，技术技能人才培养遭遇一定瓶颈。此外，当前知识、技术更新换代加快，如何保证个体学有所用，用有所长，与时俱进也是需要解决的问题，而这涉及所教与所用之间的技能匹配问题，即教育所承担的技能训练及学习应当要解决技能生产、技能供给与技能需求之间的技能错配的矛盾。[①]

技能型社会的对立面是文凭社会或学历社会，技能型社会建设必须直面文凭社

---

① 王星. 从技能经济学到技能社会学：技能形成研究的多元面向 [J]. 社会学评论，2022(4)：33-53.

会或学历社会所带来的收入差异、教育焦虑、片面发展、就业困境、技能错配、社会不公等一系列关乎国计民生的紧迫问题。[①]因此,我国从以学历为主导的文凭社会迈向技能型社会,既需要进一步加强职业教育的类型定位,更需要以大职业教育的思想实现技能人才的培养。技能人才培养不仅仅关涉到职业教育,更是职业教育、继续教育、普通教育相互衔接与贯通,即实现横向融通,纵向贯通的职普融通、职继协同的职业教育一体化发展新格局。如何建构一体化职业教育人才培养体系,如何实现各层次职业教育专业设置、培养目标、课程体系、培养方案的衔接、如何实现不同教育类型之间、校企合作对人才的培养等,这些是解决学生技能所学与劳动力市场技能所需相衔接的关键问题,即教育承担着培养技能适应性人才重任,要求劳动者所具备的技能与社会技能需求相对接。

此外,实现技能匹配还要考虑技能供给与技能需求之间的时间差问题,因为一般技能供给方的人力资本投资时限[②]较长,而需求方想在较短时间范围内得到利益回报,二者之间存在一定矛盾。基于这种现象,若要实现技能匹配,需要教育体系能够为个体不同时期的技术能力发展提供教育服务,技能积累所需的知识、经验等能够有效做到循环、转移,并扩大技术交流与沟通,有效实现技能增长,即个体习得经验转换为行业组织整体升迁的技能形成体系,最终实现技能匹配,有效实现教育市场回报率,即教育投资获得相应的技能回报,而这也就意味着技能供给与技能需求之间的顺利衔接。

应当注意的是,职业教育作为类型教育,构建现代职业教育体系过程中通过发展本科乃至更高层次职业教育以培养高层次技术技能人才,为避免将职业教育的层次发展等同于当前普通教育的学历提升,应更多关注于个体技能的深入学习,以实现技术跃迁,满足不同阶段的技能匹配需求。

三、技能形成理论及其对话

技能形成理论兴起于西方学者对教育体系与劳动力市场的关系研究,在社会学

① 匡瑛.内外合力推进技能型社会建设[EB/OL].中国教育报,2021-10-12 第 5 版.
② 过筱.欧盟技能匹配及预测机制研究[D].华东师范大学,2020.

领域中,技能形成理论研究主要关注技能形成制度、技能形成与劳动力市场的关系问题以及高技能、低技能的发展问题。从这三个方面来看,社会学更多地从社会群体来考量技能形成,意味着"技能不单纯是个体掌握学习某些个人技能、私有技能,更是一种宏观的、整体意义上的公益物品,一种集体意义上的社会能力",①具有强烈的社会公共物品色彩,这决定了技能形成不仅仅是个体受教育的结果,更是关涉技能形成的相关多元主体以及社会环境、制度基础等多元素的集合,反映了技能型社会背景下国家技能水平高质量发展的要求。

　技能形成首先涉及个体的技能形成即知识、技术、技能习得,也就是个体自身理论学习、专业实践以及二者之间的互动过程。同时随着工业4.0以及科学技术的不断发展,知识与技术更新换代速度加快,高素质技能人才储备成为各国核心竞争因素,高技能的不断学习就显得尤为刻不容缓。如果将技能形成看作是产品流通的过程,那么技能形成也就意味着技能生产、技能传播、技能流通以及技能消费四者之间的循环沟通。技能生产即通过不同组织群体来提供个体知识、经验的获取途径。从这一方面来讲,技能生产涉及个体技能形成的微观层面,途径主要有企业培训、教育培训以及二者融合培训;而技能传播、技能流通及技能消费则涉及技能形成的宏观层面。通过技能传播,将习得技能应用到社会,技能得到有效使用,通过技能流通促使技能不断积累更新,通过技能消费将技能转化为资本,不同利益主体得到回报。而这一过程也就是个体技能融入社会,付诸实践的过程,其离不开有效的技能形成体制,也映射了社会技能水平的高低。比如以日本为代表的分割主义技能形成体制,企业参与程度高;以德国为代表的集体主义技能形成体制,国家和企业卷入较高,强调国家干预和市场自治的均衡,②二者均体现了国家政府、企业、行业、学校等不同社会主体在技能形成中的参与能力,也是多方利益主体协作的表现。与此同时,技能形成在实际发展中存在以德、日为代表的"高技能均衡"(High-Skill Equilibrium)和以英、美为代表的"低技能均衡"(Low-Skill Equilibrium)两种偏好,前者指的是劳动者技能水平高,工资

---

① 李玉珠.中国技能形成模式与制度构建研究[M].北京:首都经济贸易大学出版社,2019:3.
② 王星.技能形成、技能形成体制及其经济社会学的研究展望[J].学术月刊,2021(7):132-143.

水平也高,容易增强企业竞争力;后者指的是劳动者技能水平低,工作水平也低,容易形成高技能精英和低技能劳动者两极分化的总体劳动力技能格局。"高技能均衡"和"低技能均衡"是不同技术技能积累模式。当前我国处于发展转型的关键时期,低技能劳动力群体庞大、高技能劳动力依然紧缺的情况下,需要思考如何从低技能均衡转向高技能均衡,这是我国技能型社会建设必须解决的问题。事实上技能形成不仅涉及个人技能的习得,更涉及"个体行为、企业行为和社会行为,需要政府、行业企业、教育培训系统和劳动者个体等各利益相关者相互协作"。①我国技能型社会的建设与发展也是国家技能形成逐步发展的过程。

第三节　技能型社会与人才强国战略

技能是强国之基,立业之本;"技能人才是支撑中国制造、中国创造的重要力量"。②《中华人民共和国职业教育法》(2022)明确提出"建设教育强国、人力资源强国和技能型社会"的愿景。职业教育将在人力资源强国战略和技能型社会建设中发挥举足轻重的作用,技能尤其是高技能人才培养对推进人才强国战略,增强我国核心竞争力和自主创新能力具有重要意义。

一、人才强国战略赋能技术技能人才培养

国家发展靠人才,民族振兴靠人才,人才是科技强国建设的重要基础与保障,是未来竞争的关键,也是我国经济社会高质量发展的重要支撑。我国历来重视人才工作。在不同发展阶段均十分重视人才作用,并根据不同时期的国家发展要求,出台有利于人才发展的政策,发展培养人才的教育资源,不断为人才发展创造良好的环境条

---

① 张弛,赵良伟,张磊.技能社会:技能形成体系的社会化建构路径[J].职业技术教育,2021(13):6-11.

② 中国政府网.关于加强新时代高技能人才队伍建设的意见[EB/OL].http://www.gov.cn/zhengce/2022-10/07/content_5716030.htm.

件。

2003 年,中共中央首次召开中央人才工作会议,《中共中央、国务院关于进一步加强人才工作的决定》第一次明确提出实施人才强国战略,并将其作为党和国家一项重大而紧迫的任务。2007 年,人才强国战略作为发展中国特色社会主义的三大基本战略之一,强调建立人力资源强国,写进中国共产党党章和党的十七大报告,我国进入人才强国战略全面推进实施新阶段。2010 年 6 月,党中央、国务院批准颁布了《人才规划纲要》,这是我国第一个中长期人才发展规划,也是我国实施人才强国战略的重要指针。随后出台的《国家中长期教育改革和发展规划纲要（2010—2020 年）》进一步提出,中国未来发展、中华民族伟大复兴,关键靠人才,基础在教育,要把人才与教育紧密联系在一起加以考虑。2022 年,党的二十大报告明确提出"深入实施人才强国战略","加快建设国家战略人才力量,努力培养造就更多大师、战略科学家、一流科技领军人才和创新团队、青年科技人才、卓越工程师、大国工匠、高技能人才。加强人才国际交流,用好用活各类人才"。① 由此可见,随着人才政策的不断推进,国家人才政策的表述也由总的概括向细致划分迈进,2002 至 2010 年间,国家层面的人才队伍划分从三支扩充到五支,又从五支增加到六支,中共中央政治局召开会议审议《国家"十四五"期间人才发展规划》(2022) 时又明确提出打造大批一流科技领军人才和创新团队,造就规模宏大的青年科技人才队伍,培养大批卓越工程师。技术技能人才作为人才的重要类型,始终存在于我国人才培养的任务当中。

人才强国战略作为国家顶层制度设计,能够为技能型社会建设以及技术技能人才培养提供方向指引和制度保障。技能型社会建设核心以培养技能人才为主线,一切以人的需求和人的全面发展为出发点和落脚点。当前,我国正处于政治最稳定、经济最繁荣、创新最活跃的时期,尤其是处于由制造大国到制造强国的关键发展期,必须积极抢占科技和人才竞争制高点,技能人才是支撑中国制造、中国创造的重要力量。

---

① 中国政府网.习近平:高举中国特色社会主义伟大旗帜 为全面建设社会主义现代化国家而团结奋斗——在中国共产党第二十次全国代表大会上的报告[EB/OL].https://www.gov.cn/xinwen/2022-10/25/content_5721685.htm.

培养国家所需技能人才是我国人才工作中的重中之重，技能型社会所培养的人才应当数量充足、结构合理，劳动效率高，符合社会人才需求。坚持科技是第一生产力、人才是第一资源、创新是第一动力，深入实施科教兴国战略、人才强国战略、创新驱动发展战略，方能开辟发展新领域新赛道，不断塑造发展新动能新优势。

当前，我国高技能人才较为缺乏。根据《制造业人才发展规划指南》(2016)统计，预计到2025年，全国制造业重点领域人才缺口将接近3000万人，信息技术产业、数控机床等为技能人才缺口重点领域。①《关于加强新时代高技能人才队伍建设的意见》(2022)要求"高技能人才占技能人才的比例达到1/3，东部省份高技能人才占技能人才的比例达到35%"。②可见，我国高技能人才还比较缺乏。高技能人才的培养对于壮大技能人才队伍、改善技能人才结构，推动产业结构转型，促进国家经济转型升级，加快推进技能强国战略，建设人才强国，增强我国核心竞争力和自主创新能力具有重要意义。建设人才强国离不开技能人才资源，尤其高技能人才能够为人才强国建设提供高素质人才支撑，扩大高素质人才队伍。

二、技能型社会建设助力人才强国战略实施

技能型社会建设实质上是技能形成制度不断完善的过程。从国家政策角度来说，"技能形成是一个既关乎技术技能人才培养制度构建与完善，又关乎国家、企业、教育之间合作制度构建与完善的宏观战略问题"。③技能型社会作为新型社会形态，能够为人才强国战略实施提供技能形成制度支持。从服务对象角度来看，"技能于个人是成

---

① 教育部,人力资源和社会保障部,工业和信息化部.关于印发《制造业人才发展规划指南》的通知[EB/OL].(2016)https://www.gov.cn/xinwen/2017-02/24/content_5170697.htm.

② 中国政府网.关于加强新时代高技能人才队伍建设的意见[EB/OL].http://www.gov.cn/zhengce/2022-10/07/content_5716030.htm.

③ 张弛,赵良伟,张磊.技能社会:技能形成体系的社会化建构路径[J].职业技术教育,2021(13):6-11.

④ 朱少义.技能型社会:职业教育重在参与,贵在共享[J].中国大学生就业,2021(21):15-17

才之需、立业之本;于民族是发展之源、进步之基;于国家是兴邦之魂、强国之要"。④因此,技能型社会要求"建立终身职业技能培训制度,持续实施职业技能提升行动"。①

分析与理解技能形成过程的关键是分析政府、教育与培训系统、资本以及劳动力之间的关系。②从利益相关者视角分析,这四个因素分别代表社会不同的利益主体,受政治、经济、历史和文化背景等特定社会环境影响,在维护和争夺各自利益过程中逐步形成一种特定的制度环境,而技能则是在该既定制度环境中传递、形成的。因此可见,每个国家的技能形成体系都是一个动态发展过程,不同利益主体在其中扮演着不同角色,不同国家的形成过程、工业化进程决定了不同的技能形成模式。德国"职业人"、日本"企业人"、美国"能力人"③三种不同模式具有不同的技能供给体系特征,最终决定了不同国家技能劳动者的差别以及形成路径。因此,针对我国的技能形成体制,一是要具备鲜明的中国特色社会主义特征,最显著的是胸怀祖国、服务人民,这是由我国社会主义特征所决定的。技能型社会的提出正是基于我国国情,以提高我国制造与创造能力为目的,培养技术技能人才来为社会服务。这也意味着制约我国技能人才发展的"校企合作""产教融合"等问题得到解决,即从社会结构的不同相关利益主体达成"可信承诺",④技能型社会能够全方位、多角度、高层次的提供社会技能供给服务体系。明确我国技能形成制度与模式,促使人才培养系统更加完善,技能形成制度为人才强国的建设发展可能。因为人才强国不仅是人才培养问题,更是全面建成社会主义现代化强国的基础,以期营造识才、爱才、敬才、用才的美好环境。

国家对技能形成进行适度干预是必要的。在德国、日本、美国产业转型与升级的关键阶段,各国政府均高度重视劳动力的素质提升,重视技能形成体系建设。我国技

---

① 人力资源社会保障部.《"技能中国行动"实施方案》(2021)[EB/OL].https://www.gov.cn/xinwen/2021-07/06/content_5622643.htm.

② 许竞.英国教育领域关于劳动者技能形成研究现状综述[J].比较教育研究,2007(12):85-89.

③ 杨子舟,蔺关玉.技能何以形成:类型探讨与模式分析[J].清华大学教育研究,2019(5):49-60.

④ 李薪茹,王星,茹宁.技能形成中的可信承诺及其制度基础——中国职业资格证书制度演化历程分析[J].学海,2020(2):83-89.

能型社会的提出也诠释了这一必要性。在此背景下,劳动者既能接受技能培训,培训对象又能覆盖全社会,同时采用高技能专用型的人才发展战略,致力于创新职业教育与培训系统,不但努力培育技能精英,更加强调提高国家的技能扩散能力,[①]由此促使人才强国技能形成体系的完善,最终让技能的发展成为一个国家提高其竞争力并继续存活的重要因素之一,我国创造型国家建设、制造业转型升级、国际人才核心基地成为可能。

---

① 杨子舟,荀关玉.技能何以形成:类型探讨与模式分析[J].清华大学教育研究,2019(5):49-60.

第二章　改革开放以来我国技能政策：
核心主题与政策工具
——基于 1978—2022 年国家职业培训政策的文本分析①

　　选取"北大法律信息网"法律库的职业培训政策为主要数据来源,同时将政府官方网站的公开政策作为补充。以"1978—2022 年"为时间范围、"职业培训"为关键词进行模糊搜索,共得到职业培训相关法律法规 3605 项。为确保研究更加精准有效,基于以下原则进行二次人工筛选:第一,权威性。政策的发文主体是国家层面的机构,主要包括全国人大、中共中央、国务院及部属机构。政策的类型主要包括法律、意见、通知、决定、指示、建议、报告、规章、条例、项目等多种规范性文件,不包括以答复、批复等形式出现的政策文本。第二,相关性。所选择的政策文件名、文本内容、主题词多次涉及到职业培训,并剔除研究意义不大的政策文本,如获奖名单、培训教材名单、培训基地名单等。第三,公开性。政策是各政府部门公开发布的文件,是可以获取到的,不公开或无法获取的政策不纳入研究分析范围。通过对政策文本进一步筛选和整理,最终得到 272 份政策文件作为研究样本。

---

　　① 贾旻,陈雨欣.改革开放以来我国职业培训政策检视与反思——基于 272 份国家职业培训政策文本的分析[J].江苏高职教育,2023(3):42—55.

第一节　问题的提出

职业培训是全面提高劳动者就业创业能力、缓解技能人才短缺的结构性矛盾、提高就业质量的根本举措。[①]职业培训政策是对职业培训事业的总体规划,其作为发展经济、促进就业政策的重要组成部分,早已引起学术界关注,现有研究主要集中在以下几个方面:

第一,在政策文本梳理的基础上,探析职业培训政策的整体变迁逻辑。改革开放以来,我国职业培训政策设计实现从原则指导到规划引领的转变[②];价值取向从"效率取向"转向"效率公平兼顾"[③];政策理念开始与终身教育接轨[④];政策目标取向从生存就业转向提高劳动者生活质量[④];政策话语体系从经济学话语转向以经济、社会、公共管理为主的教育政策话语。[③]

第二,对单个群体的政策,尤其是农民群体职业培训政策的问题及对策研究。我国农民培训政策存在政策理念更偏向"工具理性"[⑤],政策体系不完善,缺乏监管、激励政策[⑥],政策执行不力[⑦]等问题。并相应地提出要合理定位培训政策目标[⑧];完善农民培

---

① 国务院关于推行终身职业技能培训制度的意见[EB/OL].http://www.gov.cn/zhengce/content/2018-05/08/content_5289157.htm.

② 王书柏,朱晓乐,胡祎.我国职业培训事业回顾及展望——基于政策演进视角[J].社会科学家,2021(5):156-160.

③ 潘姿曲,祁占勇.改革开放四十年我国职业培训政策的变迁逻辑与未来走向[J].职教论坛,2018(11):68-74.

④ 任鸿倩,闫卫平.新世纪中国职业技能培训政策的嬗变逻辑——基于21世纪以来相关政策性文件的解读[J].中国成人教育,2019(22):14-19.

⑤ 李慧玲,陈洪连.我国农民工培训政策的问题与对策[J].河北大学成人教育学院学报,2011(3):33-35.

⑥ 吕莉敏.新型职业农民培育的政策变迁与趋势——基于2012—2017年相关政策的分析[J].职教论坛,2017(16):26-31.

⑦ 张胜军.我国农民工培训政策的回顾与前瞻[J].职教论坛,2012(19):22-26.

⑧ 谢德新,庄家宜.我国职业教育扶贫政策工具使用的回顾与展望——基于政策工具的文本量化分析[J].中国职业技术教育,2021(21):87-96.

训法律法规建设;以问题为导向,提高政策的执行力;完善农民职业培训激励、评估及监管等方面的制度。①除此之外,还涉及退役军人群体、高校毕业生群体等就业重点人群培训政策的研究。以上研究都是定性研究。

第三,近年来,文献计量法、文本分析法被研究者广泛应用于公共政策研究领域,在职业培训政策领域,也出现了一些量化研究成果。研究样本包括终身职业培训政策文本②、农民工培训政策文本③④、职业培训扶贫政策文本⑤等,基于政策主体、效力结构、政策目标、政策发展过程、培训类型、政策工具等多个维度,运用 Nvivo 质性分析软件对其展开文本分析,深度挖掘政策文本的特点及存在的问题。虽然,我国职业培训政策研究已取得丰富成果,但是研究更多关注的是某一群体或某一领域的职业培训政策,而且主要采用文献法、比较法等定性研究方法,较少从整体视域对职业培训政策进行全面的量化分析。

改革开放以来,我国产业结构不断优化升级,科学技术发展日新月异,"互联网+"、人工智能等新兴事物在给经济发展带来机遇的同时,对我国技术人才数量和质量提出新要求。从实际情况来看,我国长期存在着人力资源供给与需求的结构性矛盾,高级技工短缺、复合型技工数量少等情况阻碍了产业的发展。深化人力资源供给侧结构性改革、推动职业培训事业的发展,需要职业培训政策的规划和引导。自《关于加强职工教育工作的决定》(1981)提出要完善职工培训制度以来,国家颁布了一系列政策文件来推动职业培训的制度化规范化,在一定程度上推动了职业培训事业的发

---

① 李国梁,甘舒萍.政策工具视角下新生代农民工培训政策文本量化分析[J].中国人力资源开发,2020(11):105-109.

② 张双志.中国终身职业技能培训政策文本书——基于政策主体、工具与目标的分析框架[J].中国职业技术教育,2020(9):88-96.

③ 谯欣怡,张玲玲.政策工具视角下农民工职业教育与培训政策文本书[J].成人教育,2021(3):51-57.

④ 李国梁,甘舒萍.政策工具视角下新生代农民工培训政策文本量化分析[J].中国人力资源开发,2020(11):105-109.

⑤ 谢德新,庄家宜.我国职业教育扶贫政策工具使用的回顾与展望——基于政策工具的文本量化分析[J].中国职业技术教育,2021(21):87-96.

展。但是,现存的职业培训政策存在内容较为宏观、缺乏可操作性、政策手段较为单一等问题,致使有些职业培训政策难以落实,政策内容难以真正满足地方及产业发展的实际需要。那么如何进一步完善职业培训政策体系,提高政策的干预成效,摆脱我国职业培训领域存在的困境,为国家经济社会发展提供需要的技术技能型人才,成为亟待关注和研究的问题。

第二节　我国技能政策的发布主体

对 272 份国家层面职业培训政策发文主体进行描述性统计分析、网络结构分析和中心性分析,发现不同主体在政策发文结构中的地位存在明显差异。

一、描述性统计分析

中央层面各部门发文数量在一定程度上呈现了各部门在职业培训政策制定时的参与程度。如表 2-1、表 2-2 所示,从政策主体结构来看,单独发文数量为 190 篇,约占发文总量的 70%,联合发文数量为 82 篇,远远少于单独发文数量。从各主体参与情况来看,272 项职业培训政策中,30 个主体参与了职业培训政策的制定,人力资源和社会保障部(以下简称人社部)是主要发文主体,单独发文 120 次,联合发文 63 次;其次是国务院办公厅,单独发文 13 次,联合发文 13 次;财政部、教育部两主体在联合发文中有着较高参与度,分别单独发文 1 次和 6 次,联合发文 34 次和 29 次。这表明人社部是职业培训政策核心颁布主体,一直保持着较为稳定高频的数量输出,在技能人才培养、就业创业培训等方面发挥主导作用。财政部、教育部两个部门与其他政策主体联系紧密,在职业培训政策中发挥着重要协同作用。

二、合作网络结构分析

合作网络结构揭示的是社会网络中各主体之间的关联度以及关联结构,通过绘制网络结构图谱、测算网络密度值,可以对政策主体的协作性进行探析。本书在对

表 2-1　单独制定职业培训政策的主体构成及发文数量

政策主体	数量	政策主体	数量
全国人大常委	4	工业与信息部	2
国务院办公厅	13	司法部	2
人力资源和社会保障部	120	国家铁路局	1
农业农村部	16	国家体育总局	1
住房和城乡建设部	7	自然资源部	1
教育部	6	水利部	1
交通运输部	3	财政部	1
民政部	3	文化和旅游部	1
国家市场监督管理总局	3	应急管理部	1
国家发展和改革委员会	3	国家邮政局	1

表 2-2　联合发文政策主体构成及参与数量

政策主体	数量	政策主体	数量
中共中央办公厅	2	商务部	4
国务院办公厅	13	国有资产和监督管理委员会	4
中央军委	2	国家邮政局	3
人力资源和社会保障部	63	退役军人事务部	3
财政部	34	国家税务总局	3
教育部	29	住房和城乡建设部	2
农业农村部	14	国家乡村振兴局	2
国家发展和改革委员会	10	文化和旅游部	1
科学技术部	8	公安部	1
建设部	7	国家卫生健康委员会	1
民政部	6	国家市场监督管理总局	1
工业和信息化部	6		

272 份政策进行主体特征提取的基础上,建立非对称领接矩阵,借助 UCINET 6 社会网络分析软件绘制职业培训政策主体网络结构图(如图 2-1 所示)。研究结果表明,人社部、教育部、财政部、国务院有较多的箭头汇入,表明这四个政策主体与较多主体有联系,是维系职业培训政策网络的核心主体。司法部、交通运输部、国家铁路局位于主体网络的边缘,它们在职业培训政策的制定过程中与其他主体并未形成关联。

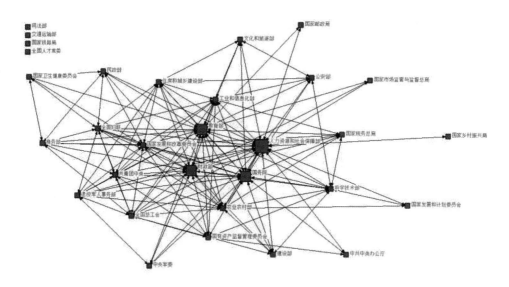

图 2-1　职业培训政策发文主体的网络图谱

此外,借助 Ucinet 6 软件对网络密度进行测算,计算公式如下文所示。①

$$d(G) = \frac{2L}{N(N-1)}$$

其中,N 是网络中的节点数量,L 是该网络中的节点之间实际连线数量。网络密度的取值范围为[0-1],数值越大,则表明该网络联系越紧密。由计算可知,职业培训政策主体网络密度值为 0.2989,表明职业培训政策主体网络中,各主体之间结构较为分散,联系不够紧密,合作程度有待进一步加强。

---

① 贾旻,陈雨欣.改革开放以来我国职业培训政策检视与反思——基于 272 份国家职业培训政策文本的分析[J].江苏高职教育,2023(3):42-55.

三、中心性分析

中心性是对网络结构中某行动者与其他行动者之间关系的数量考察，行动者与其他主体关系数量越多，表明该主体越处于主体网络中心，可采用点度中心度、中间中心度和接近中心度三个指标加以说明。本书运用 Ucinet6 分析软件 对上述三个指标进行测量，分析我国职业培训政策发文主体的功能角色，分析结果如表 2-3、表 2-4、表 2-5 所示。点度中心度越高，说明该主体在网络结构中与其他主体联系越紧密；中间中心度数值越大，表明该主体越处于信息交流的中心，对其他主体的影响力越大，所拥有的权力越大；接近中心度测量的是主体不受其他主体影响的程度，数值越大则表明该主体的独立性越强。

总体来讲，研究发现，人社部在主体网络中拥有最强影响力，是其他主体沟通交流的重要桥梁，教育部位居第二。教育部、财政部、国务院以及发改委四个主体在政策主体网络结构中很活跃，影响力较高，对于其他政策主体有较强的依赖性，处于主体网络结构的中心位置；而司法部、交通运输部等部门接近中心度数值较高，说明这些主体独立于职业培训政策主体网络，不受其他主体的影响。

表 2-3 点度中心度分析结果

政策主体	Degree	NrmDegree	Share
人力资源和社会保障部	25.000	83.333	0.090
教育部	23.000	76.667	0.083
财政部	19.000	63.333	0.068
国务院办公厅	18.000	60.000	0.065
国家发展和改革委员会	17.000	56.667	0.061
农业农村部	14.000	46.667	0.050
全国妇联	14.000	46.667	0.050
全国总工会	14.000	46.333	0.047
共青团中央	13.000	43.333	0.047
工业和信息化部	13.000	43.333	0.047
住房和城乡建设部	12.000	40.000	0.043
退役军人事务部	11.000	36.667	0.040
……	……	……	……

续表

政策主体	Degree	NrmDegree	Share
司法部	0.000	0.000	0.000
交通运输部	0.000	0.000	0.000
国家铁路局	0.000	0.000	0.000
全国人大常委会	0.000	0.000	0.000

表2-4 中间中心度分析结果

政策主体	Betweenness	nBetweenness
人力资源和社会保障部	85.679	19.696
教育部	46.213	10.624
财政部	17.394	3.999
国务院办公厅	16.829	3.869
国家发展和改革委员会	11.170	2.568
农业农村部	7.392	1.699
全国妇联	5.549	1.276
科学技术部	5.363	1.233
工业和信息化部	4.325	0.994
……	……	……
国家市场监督管理总局	0.000	0.000
国家卫生健康委员会	0.000	0.000
国家乡村振兴局	0.000	0.000
司法部	0.000	0.000
交通运输部	0.000	0.000
国家铁路局	0.000	0.000
全国人大常委会	0.000	0.000

表 2-5 点度中心度分析结果

政策主体	inFarness	outFarness	inCloseness	outCloseness
人力资源和社会保障部	151.000	151.000	19.868	19.868
教育部	153.000	153.000	19.608	19.608
财政部	157.000	157.000	19.108	19.108
国务院办公厅	158.000	158.000	18.987	18.987
国家发展和改革委员会	159.000	159.000	18.868	18.868
农业农村部	162.000	162.000	18.519	18.519
全国妇联	162.000	162.000	18.519	18.519
全国总工会	163.000	163.000	18.405	18.405
共青团中央	163.000	163.000	18.405	18.405
……	……	……	……	……
国家发展和计划委员会	174.000	174.000	17.241	17.241
国家卫生健康委员会	174.000	174.000	17.241	17.241
国家乡村振兴局	176.000	176.000	17.045	17.045
司法部	930.000	930.000	3.226	3.226
交通运输部	930.000	930.000	3.226	3.226
国家铁路局	930.000	930.000	3.226	3.226
全国人大常委会	930.000	930.000	3.226	3.226

第三节 我国技能政策的核心主题

政策主题是对政策内容的抽象概括,一定程度上能够揭示政策的内容结构,是对政策核心关注点的凝聚和表达。本书将运用 ROSTCM6 分析软件对 272 份政策文件进行主题词提取,并对其进行整理,形成了职业培训政策的主题词表(见表 2-6)。主题词表中所包含的关键词数量多,且若只是对主题词表进行观察归纳研究可能会遗漏一些关键信息,所以有必要在主题词基础上进一步进行聚类分析。

表 2-6　职业培训政策关键词词频统计

序号	主题词	频数	序号	主题词	频数
1	教育培训	19229	19	保障	1611
2	职业	11055	20	考核评价	1604
3	技术技能	8706	21	资源	1579
4	机构	6566	22	鉴定	1557
5	行业企业	4772	23	高技能	1541
6	人才	4178	24	技工技师	1448
7	农业农民农村	4086	25	能力	1321
8	院校	3439	26	教材	1164
9	就业	3341	27	教学	1077
10	专业	3210	28	质量	1073
11	社会	2904	29	标准	1059
12	管理	2311	30	岗位	801
13	服务	2120	31	劳动力	782
14	资金	2091	32	需求	794
15	制度	2031	33	体系	761
16	教师队伍	1941	34	规划	742
17	政府	1907	35	经费	729
18	创新创业	1907	36	产业	665

聚类分析是统计学所研究的"物以聚类"问题的一种方法[1]。本书在主题词表基础上,进行相关矩阵构建,并运用 SPSS25.0 分析软件进行系统聚类,形成了职业培训政策的系统聚类图谱(见图 2-2)

----

① 金相郁.中国区域划分的层次聚类分析[J].城市规划汇刊,2004(2):23-28+95.

使用平均联接(组间)的谱系图

重新标度的距离聚类组合

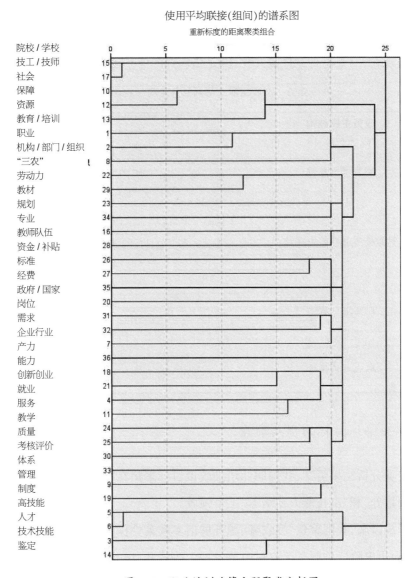

图 2-2　职业培训政策主题聚类分析图

　　树状图中,首先是将"院校/学校"和"技工/技师"聚成一类,其次是将"社会""保障"和"资源"聚成一类,以此类推可得出其他聚类。根据聚类分析结果,可将我国职业培训政策的研究主题划分为以下 13 个领域:技工院校、社会资源保障、职业培训机构、农业农民农村、教材规划、专业教师队伍、政府资金、行业企业、创新创业能力、考核评价、管理制度、高技能人才、技能鉴定。随后在政策文本研读基础上,将13个主题领域进一步归纳,形成以下四个主题结构(见表2-7):一是培训目标多样化,二是培训基础能力建设,三是培训载体多元化,四是培训保障体系建设。

表2-7 我国职业培训政策主题结构表

政策主题结构	子维度
职业培训目标	服务农村改革发展
	就业创业能力培养
	高技能人才培养
职业培训基础能力建设	教材规划
	教师培养
	技能鉴定
职业培训载体	行业企业
	技工院校
	职业培训机构
职业培训保障	资金保障
	制度保障

一、职业培训目标的明确聚焦

根据聚类分析结果可知,我国职业培训政策目标聚焦在"服务农村改革发展""就业创业能力培养"和"高技能人才培养"三个领域。

改革开放以来,我国聚焦"三农"问题开展诸多政策性探索,职业培训被视为重要手段,在不同历史阶段均服务于农村改革发展。改革开放初期,职业培训被定位为提高农民技术水平、推动农业发展的举措;随着改革开放深入以及城镇化进程加快,职业培训政策成为促进农村劳动力转移、适应城市新环境的重要举措;而今,职业培训被视为促进农业农村现代化、推动乡村振兴的重要战略。

改革开放以来的职业培训政策以提高劳动者的就业创业能力为基本目标追寻。我国职业培训政策中,就业是目标,培训是手段。1982年《宪法》明确规定"国家对就业前公民进行必要的劳动就业训练"，①将职业培训作为就业的重要路径。《国务院关于加强职业培训促进就业的意见》(2010)针对性地提出"就业一人，培训一人"以及"培训一人，就业一人"的目标②，该文件对职业培训寄予厚望，将其作为精准就业的有效手段。现如今，职业培训政策更为关注劳动者通用技能以及终身学习意识培养，服务于劳动者"终身就业能力"的培养。

提高劳动者的技能水平，实现技能人才的高层次发展是职业培训政策的重要目标。21世纪以来，随着经济快速发展，高技能人才出现了"供需矛盾"，高技能人才供给紧缺，不能满足经济社会的发展需求。依托政策文本，国家先后提出"技能振兴计划""三年五十万新技师培养计划""国家高技能人才东部地区培训工程"及"高技能人才振兴计划"等策略型举措，通过制度供给、基础设施建设等方式推动高技能人才的培养。

二、职业培训载体的多元协作

结合政策文本内容和聚类分析结果可知，培训载体主要聚焦于行业企业、技工院校、职业培训机构三类。

职业培训政策中，行业被赋予"官方"色彩，对行业的功能定位更多是"指导""组织"和"支持"，其承担发布人才需求、发布职业教育标准、开展人才需求预测及信息咨询、培育产教融合服务组织③等界于政府及企业间的中间职责。企业更多被定位为"重要办学主体"，一方面承担企业内部岗位培训责任，承担职业培训的经费投入、组织管理等方面的任务；另一方面承担面向社会培训的责任，如开设职业培训机构、参与校企合作及学徒制培训等工作。

职业培训政策中，技工院校被定位为"技术人才培养及社会培训的主要基地"。与

① 中华人民共和国宪法（1982）[EB/OL].https://www.pkulaw.com/chl/5c498812eb87061ebdfb.html.

② 关于加强职业培训促进就业的意见（国发〔2010〕36号）[EB/OL].http://www.gov.cn/zhengce/content/2010-10/25/content_6600.htm.

③ 中华人民共和国职业教育法（中国人民共和国主席令第112号）[EB/OL].http://www.npc.gov.cn/npc/c30834/202204/04266548708f44afb467500e809aa9cf.shtml.

其他类型职业院校相比,技工院校的定位更加具有社会经济服务导向性。一方面,技工院校是面向社会群体提供终身培训的场所,面向社会开展各类职业技能培训。另一方面,技工院校的培训重点人群及目标随着社会经济的发展不断转变。"十三五"期间,技工院校聚焦于就业创业重点人群,主要目标在于提高其创业就业能力,缓解社会存在的就业矛盾;而"十四五"期间,技工院校转而投向"高精尖缺"职业工种,服务制造业及实体经济发展,推行工学一体化,培养社会高质量发展所需要的高级技术人才。

职业培训政策中,职业培训机构被定位为"实施职业培训的重要场所"。在新颁布的职业教育法中,职业学校和职业培训机构经常被一起提及,表明国家高度重视职业培训机构在职业培训中的重要作用,将其作为实施职业培训的重要场所。国家围绕职业培训机构的规范化、内涵式发展进行制度建设,充分发挥其在技能人才培养方面的作用。

三、职业培训基础能力的建设夯实

结合政策文本内容和聚类分析结果可以得知,培训基础能力建设聚焦于师资队伍建设、教材开发规划、技能鉴定体系建设三个方面。

职业培训师资队伍是职业培训所需要的"软"实力,师资队伍建设作为职业培训内涵式发展的重要方面,一直是职业培训政策关注的重点。改革开放初期,师资培养的规范化受到国家重视,出台了一系列专项政策对教师资格认定、教师考核等方面进行规范;发展至今,职业培训师资被包含于各类职业培训政策中,强调通过提升教师素养来推动职业培训的高质量发展。

职业培训教材作为职业培训教学内容的载体,开发建设、管理规范等方面受到政府重视。改革开放至今,关于职业培训教材开发的专项政策多达八项,时间跨度从1998年至2017年。除此之外,在各类职业培训政策中,教材建设被作为一项基础工作,贯彻政府统筹、需求导向原则,以开发职业培训教材形式、丰富职业培训教材资源为核心内容,推动职业培训教材的质量提升。

职业技能鉴定体系建设涉及职业技能鉴定基地、职业标准体系以及职业资格证书制度建设等多个方面,在促进劳动者就业、提高职业培训针对性等方面发挥着重要作用。因此,职业技能鉴定体系建设是职业培训政策的另一个聚焦点。涉及职业技能鉴定的单项政策文件多达数十份,足以说明国家对职业技能鉴定工作的重视程度。

四、职业培训保障体系的逐步完善

职业培训保障体系是维持职业培训正常运转的各类支持与维护系统。在政策文本阅读基础上结合聚类分析结果,可知职业培训政策聚焦于制度保障与资金保障两个方面。

制度保障是指以现有的组织、制度和习惯为基础,制定并运行的制度保护机制。改革开放至今,国家围绕培训实体、岗位培训、职业技能鉴定、企业职工培训、教材开发、职业培训资金管理、技能人才培养、技工学校度等进行了制度建设,为职业培训的发展确立良好的制度环境,为行业企业、技工院校以及劳动者参与职业培训提供制度保障,推动了职业培训事业的发展。

职业培训作为教育的一种形式,具有明显的公共性特征,需要国家对其提供财政支持。国家高度重视职业培训经费投入体系的建立,对职业培训经费投入方式、投入机制等方面进行了明确规定。通过资金投入来推动职业培训的发展是国家擅长使用的政策手段,在改革开放初期,我国职业培训体系尚未健全,所以更多的是通过直接经费投入进行职业培训基础设施建设。而今,政府更多采用财政补贴、减少税收、政府采购等激励措施,支持鼓励其他主体参与职业培训。

第四节　我国技能政策的工具运用

一、政策工具分类理论与分析框架

20世纪80年代,政策工具研究在西方世界逐渐兴起。政策工具也称政府工具或治理工具,是达成政策目标的手段或方式。胡德、彼得斯、奥斯本、萨拉蒙等学者均对政策工具展开研究,依据不同标准提出多种划分方式。本书借鉴罗斯威尔与泽格菲尔德的政策工具分类理论,从供给型、环境型与需求型三个维度出发,对我国职业培训政策工具类型进行分析。供给型政策工具是政府通过直接提供职业培训所需资源,为职业培训发展提供动力,具体包括资金投入、基础设施建设、人才培养与信息化支持等;环境型政策工具是政府通过制度体系建设,为职业培训发展提供良好的外部环境,具体包括管制措施、目标规划、体系建设、税收及补贴等;需求型政策工具是政府通过刺激培训需求来拉动职业培训发展,具体包括政府采购、服务外包以及鼓励引导等。

政策具体条款联结着政策目标和政策结果,可以反映出二者之间的作用和关系。质性分析中的分析单元可以是一个字、一个词、一段话、一个主题、一篇评论等[1],本书在分析我国职业培训政策文本时,将政策文本中的"条"作为最基本的分析单元。在阅读政策文本基础上,运用 Nvivo12 质性分析软件对职业培训政策文本进行编码。按照"政策编号—政策具体条目"编码规则对政策文本中的条款进行编码,其后将之归于职业培训政策工具的具体分类中。本书不统计未涉及政策工具类型的政策条款,且在一个政策条款中只统计使用次数较多的政策工具类型。通过将职业培训政策条款进行编码及归类,可知职业培训政策综合运用了供给型、环境型以及政策型三种基本政策工具,不过各种政策工具的使用情况不尽相同(见图 2-3),呈现出偏重环境型、发挥供给型以及忽视需求型政策工具的特征。

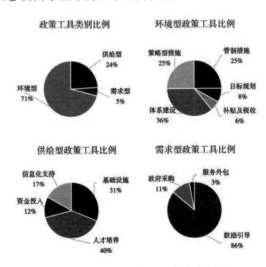

图 2-3 职业培训政策主题聚类分析图

① 孔德意.我国科普政策研究——基于政策文本分析[D].沈阳:东北大学,2016.

二、偏重环境型政策工具

偏重以制度体系建设为主的环境型政策工具。在所运用的政策工具中，环境型政策工具占比为71%，远超其他两种政策工具类型，表明政府更倾向于为职业培训营造良好的发展环境，通过环境间接影响其他主体，从而确保政策目标的达成。在环境型政策工具内部，制度体系建设最多，占比为36%。这表明改革开放至今，我国职业培训制度处于建设发展期，职业培训的发展需要国家做好顶层设计和总体规划。同时，国家对职业培训政策的制度设计也体现了职业培训的重要性和发展紧迫性。管制措施及策略型措施次之，占比均为25%。管制措施高效便捷，通过授权或禁止的方式可以直接对其他主体的行为进行规范，因此备受政府青睐，管制措施的频繁使用表明政府更倾向于通过直接干预方式来弥补职业培训市场的缺陷，体现了"强政府"特征。策略型措施是政府通过政策传达的具有可操作性的措施，如"春潮行动""雨露计划""技能脱贫千校行动"以及"残疾人职业技能提升计划"等。策略型措施通过切实可操作的举措来影响其他主体在职业培训中的参与，使培训更具针对性，大大提高了职业培训政策的效率，也体现了我国政府推动职业培训事业快速发展的急迫性。目标规划以及税收和补贴占比较小，分别为8%、6%，但从数量上来看，这两种政策工具与其他类型政策工具大体相当。这表明政府对目标引导、规划统筹等手段的喜好，且善用补贴或减免税收等金融手段来激励其他主体参与职业培训。

三、发挥供给型政策工具作用

发挥以人才培养和基础设施建设为抓手的供给型政策工具的作用。供给型政策工具凸显的是政府的直接参与程度。在所运用的政策工具中，供给型政策工具占比较低，仅为24%，但改革开放至今，供给型政策工具的数量逐渐增多，这表明政府日渐重视发挥供给型政策工具的作用，通过直接供给的方式促进职业培训事业的发展。在供给型政策工具类型内部，人才培养这一政策工具占比最大，为40%，表明政府对重点群体职业培训的关注以及对职业培训师资队伍建设的重视。一方面，政府重视为高校毕业生、农业劳动力、退役军人、失业人员以及家庭困难人员等就业重点人群提供职业培训;另一方面,政府注重提高职业培训教师的质量,通过教师质量提升来提高培训的整体质量。基础设施这一政策工具类型占比次之,为31%。这表明国家强调对基础设施的投入,如开展教材建设以及建设职业培训基地、高技能人才培养基地等。改革开放至今,我国职业培训事业经历了从探索建设到逐步完善的阶段,政府对职业培训的基础设施投入是最有效率的建设方法,在政府的支持下,我国职业培训基础设施实现了从无到有的阶段性发展。同时也表明,随着我国经济社会的快速发展导致对技术技能人才需求的增多,职业培训的需求也日益增多,亟须政府对基础培训设施进行直接投入。

四、忽视需求型政策工具

忽视以政府采购、服务外包为主的需求型政策工具的使用。需求型政策工具体现的是政府对职业培训的拉动力,主要通过采购、服务外包以及鼓励引导等方式引导其他主体的参与,从而拉动职业 培训市场的发展。但是从统计结果来看,服务外包、鼓励引导、政府采购等政策工具使用严重不足,仅占总量的5%,使用频率远远低于其他政策工具。需求型政策工具在拉动职业培训事业发展方面具有独特作用。一方面,政府通过使用政府采购等需求型手段,面向社会释放需求信号,引导其他主体参与,弥补政府在某些环节的角色缺失,从而缓解政府在财政、基础设施等方面的压力。另一方面,职业培训依赖于多元培训主体间的多向互动,需要政府通过鼓励引导来推动其他主体参与职业培训,发挥企业的主体作用。现如今需求型政策工具的严重缺失弱化了政府在职业培训事业中的牵引作用,难以为职业培训事业提供可持续发展的政策环境,所以加大需求型政策工具的使用力度是职业培训深入推进的当务之急,也是未来政策制定的一个重要着力点。

第三章 区域与国际组织的技能战略及经验：
EU、OECD、UNESCO 和 ILO

近年来，我国经济进入新常态发展阶段。伴随着产业转型发展以及结构不断调整，加之信息技术、数字化新兴产业对市场的冲击，技能缺口不断扩大。据统计，到2030 年，或将有 2.2 亿中国劳动者需要变更职业与技能，①这将会对我国现有就业市场带来极大冲击。2021 年，全国职业教育大会提出"国家重视技能、社会崇尚技能、人人学习技能、人人拥有技能的技能型社会理念"②，将技能提到一个前所未有的高度。因此，加强技能培训，促进技能人才均衡配置，推动劳动者群体转化为技能型人才队伍意义重大。中国将如何建设全球规模最大的技能型人才队伍？或许作为超国家性质的区域性或者国际性组织的职业教育与技能培训经验可以有所裨益。本章以发展的系统论视域，梳理 21 世纪以来区域性与国际性组织的技能培训政策，探求技能战略发展的动因和体系框架，以期有所借鉴。

---

① 中国的技能转型：推动全球规模最大的劳动者队伍成为终身学习者.[EB/OL].https://baijiahao.baidu.com/s?id=1711202113889225044&wfr=spider&for=pc,2021.

② 陈宝生.办好新时代职业教育服务技能型社会建设.[EB/OL].https://baike.baidu.com/reference/56917766/5a77w1txCJhUnCPJVVHorL1m-75Py6yjfLyvNbf1EtOyydt-E0XhLfxRBab7L4KbroDMf2tro2wRYaPPQjH6UXmkVCot9xW7z8hObW3s_K,2021.

第一节　技能战略的发展动因

一、经济动因

第一，以技能发展提升国际竞争力成为实现组织经济目标的必然选择。21 世纪以来，智能化水平的不断提升，新产业、新技术不断萌生，为应对变革，提升国际竞争力，德国提出工业 5.0，美国制订了"先进制造业"计划。大多数国际组织设立的初衷是加强国家间的政治、经济和科技等领域合作，解决区域矛盾纠纷，促进区域经济一体化发展。技术技能水平是衡量人力资本质量的重要指标，因此，加强技术技能人才培养成为促进区域经济发展、提升经济实力的必然选择和要求。如 2000 年 3 月，欧盟理事会制定了新世纪开篇的战略目标——《里斯本战略》，该战略提出在 10 年内使欧洲经济成为世界上最富竞争力、最具有活力的经济体，在提供更多的就业机会和增强社会凝聚力的基础上实现可持续的经济增长。[①]

第二，金融危机影响下全球经济增长持续疲软。2008 年金融危机以来，全球经济增长乏力，无论是全球日益紧张的贸易局势，还是国际组织内部技能供给不足等因素，均导致了严峻的结构性失业问题。欧盟委员会 2009 年 1 月提出经济预测报告，2009 年欧盟失业率将从 7.0% 升至 8.7%，欧元区失业率也将从 7.5% 升至 9.3%，青年人成为受金融危机影响最严重的群体。[②]调整职业教育与培训政策，提升就业率，促进劳动人口顺利就业已迫在眉睫。除了政策、投资等常规措施外，通过技术革新来推动创业与创新以获得新的经济增长点，提高国家竞争力成为众多发达国家和新兴市场国家的战略选择。

第三，经济数字化、绿色化转型成为主流趋势。技术迭代升级加快，数字化与绿色

---

① 转引自欧阳光华一体与多元—欧盟教育政策述评[R].新华通讯社，中外教育分析报告 2006（81）：1-10.

② 全球紧急应对金融危机导致的就业危机 [EB/OL].https://www.shszx.gov.cn/node2/node4810/node4841/node4847/u1a34574.html.

化的技术变革改变了科学和教育环境，绿色技能、数字创新技能成为新的需求。OECD "成人技能调查"（Survey of Adult Skills，PIAAC）的统计结果显示，参与调查的 24 个国家中，未来约 14% 的工人面临工作任务被自动化技术替代的高风险，另有 32% 工人因自动化技术而面临工作任务发生重大变化。①此外，2015 年，《巴黎气候协定》及《2030 可持续发展议程》的签署标志着全球绿色经济与可持续发展迎来新高峰。2021 年，UNESCO 发布题为《与时间赛跑：为了更智能的发展》的科学报告，指出 2015 年以来，大多数国家已将其国家政策与《2030 年可持续发展议程》保持一致，并正逐步过渡到数字、绿色经济。

第四，COVID-19 的巨大威胁引发就业危机。在 COVID-19 的袭击下，全球劳动力市场发生极大变化。国际劳工组织发布报告称，新冠大流行导致工作岗位丧失或工作时间减少，2020 年，全世界损失了 2.55 亿个工作岗位，该"大规模影响"近乎是 2009 年全球金融危机造成损失的四倍。根据国际劳工组织题为《新冠大流行和劳动世界》的监测报告，如不将支助措施纳入考量，就业损失导致全球收入下降 8.3%，相当于 3.7 万亿美元，占全球 GDP 的 4.4%。②此外，对于女性和低收入家庭来说，COVID-19 影响更加严重。根据世贸组织秘书处的一份新的情况说明，由于 COVID-19 造成的贸易中断，妇女受到的打击可能比男性更大，而且这种危险在发展中国家尤为严重。③针对 COVID-19 的负面影响，联合国会员国、联合国机构和教育领域的主要行为体在 2020 年 7 月 9 日举行的联合国高级别政治论坛分会活动"后COVID-19 的教育"上承诺以平等、有复原力和包容性的方式改变教育。

二、社会动因

第一，人口老龄化愈演愈烈，生育率普遍下降影响社会可持续发展。老龄化、抚养

---

① UNESCO Medium-term strategy for 2022-2029（41C/4）［R/OL］.https：//unesdoc.unesco.org/ark：/48223/pf0000378083?posInSet=4&queryId=f4082765-2f1f-4710-a706-047db14472d1-draft-data-297.

② ILO.Social Dialogue Report 2022：Collective bargaining for an inclusive, sustainable and resilient recovery［R/OL］.https：//www.ilo.org/global/publications/books/WCMS_842807/lang--en/index.html.

③ 世贸组织的报告提请注意 COVID-19 贸易中断对妇女的影响［EB/OL］.http：//chinawto.mofcom.gov.cn/article/ap/q/202008/20200802990379.shtml.

率上升和生产性人口减少等问题,威胁着社会政策公共预算的可负担性和可持续性,加剧社会分裂。其中,欧盟绝大多数国家已经迈入"深度老龄化"社会,如意大利、德国等已经步入了"超级老龄化"时代。人口老龄化的发展态势将对各成员国国民的生活水平产生不利影响,如导致人均国内生产总值增速下降、总就业率下降、医疗健康和养老金系统的投资增加等。法国总理博尔内称,到 2030 年,法国的养老金系统每年将会出现 50 亿欧元赤字。①此外,老龄化程度的不断加深使得原本停滞不前的经济发展形势更加严峻,直接引发社会失业等民生问题。如处于社会边缘的部分失业人群易产生心理问题,引发社会危机事件,与此同时,当地居民在担心自身就业机会和福利资源被挤占,可能带来一定的文明冲突。如何缓解劳动力规模减小对于社会产生的不良影响,相关学者指出应通过开发适应未来社会发展所需的技能提高生产率来抵消。②对于一个国家而言,提高生产率增速在很大程度上取决于这个国家创新能力和新技术的采用能力,而实现这一目标的关键是要有充足的高技能人才作为支撑和保障。

第二,技能人才短缺、高失业率、高辍学率直接影响社会的和谐稳定发展。技能短缺、高失业率、高辍学率等已成为各国难以治愈的痼疾,并由此派生了诸如人力资源巨大浪费、社会缺乏凝聚力、人民生活水平下降等一系列社会问题。据调查,到 2030 年,全社会对熟练工人的需求将超过供应,导致全球超过 8520 万人的人才短缺。③低技能工人过剩和中等技能工人短缺的现象直接造成人力资源巨大浪费。此外,由于就业市场不景气,加之职业教育人才培养适应性不足,吸引力不佳,失业率和辍学率居高不下。如欧盟教育辍学问题严重,2014 年有 11.1%(约 440 万)的 18—24 岁学生未完成高中课程,25—29 岁人口接受高等教育的比率由 2010 年的 20%降到了 10%。④

---

① 能源危机、通胀高企、罢工潮,欧洲多国正经历 "倒春寒"[EB/OL].https://www.thepaper.cn/newsDetail_forward_21814614? commTag=true.

② 中办国办.《2035 年基本建成技能型社会——关于推动现代职业教育高质量发展的意见》[EB/OL].http://career.youth.cn/Zxzx/202110/t20211014_13261032.htm.Guillemette Y.,D. Turner. The Long View: Scenarios for the World Economy to 2060 [EB/OL].https://dx.doi.org/10.1787/b4f4e03e-en.

③ 全球人才危机:未来十年全球人才缺口达 8520 万人 印度是唯一劳动力过剩国家[EB/OL].https://baijiahao.baidu.com/s? id=1625514728326929940&wfr=spider&for=pc

④ 陈时见,冉源懋.欧盟教育政策的历史演进与发展走向[J].教师教育学报,2014(5):103.

这均倒逼各国进行一系列的技能教育与培训改革。

三、教育动因

第一,建设高水平教育体系发展的内部诉求。经济改革与知识经济发展是关乎各成员国未来走向的关键性因素,教育是经济改革和知识经济发展的核心。长期以来,欧盟教育存在效率低下和投入产出失衡问题,亟须从教育体系内部做出回应。如欧洲教育和培训体系在提供准确的就业技能方面仍存在不足, 缺乏与企业或雇主充分合作,使得学生的学习经验难以匹配就业市场现实需求。[1]基于以上认识,欧盟提出在国家和欧洲两个层面建立起高水平的教育体系是促进欧洲成为世界上最繁荣和最具活力的经济体的重要保障。

第二,终身教育、终身学习理念盛行引发关注,为终身技能发展奠定基础。1965年 12 月,在联合国教科文组织召开的国际成人教育会议上,保罗·朗格朗提出"终身教育"一词,并指出教育应是个人从生到死一生中继续着的过程。随着时代的发展,"学习型社会""学习型城市""学习型组织"等术语的出现,教育话语逐渐淡出,取而代之为学习话语,终身学习逐渐替代了终身教育。1984 年,教科文组织将终身学习定义为,"为提高个人、社会或职业的知识、技能或资格而终生从事的所有学习活动"。紧接着,劳工组织、欧盟等区域与国际组织以政策文件、国际活动等多种形式不断宣传终身学习理念,并在教育、政治等领域付诸实践。2008 年劳工大会通过的《提高生产力、就业增长和发展技能》指出,未来教育和培训系统需要灵活多样,并且适应社会生产的要求,从而让个体做好终身学习的准备。欧盟实施"2007—2013 年终身学习整体行动计划",该计划高度重视个体全面发展,积极鼓励个体终身学习,并强调各成员国要利用各种资源为终身学习创造有利条件。

---

① European Commission. Reducing early school leaving and promoting success in school [R]. Brussels:European Commission,2017.

第二节 欧盟(EU)的技能发展体系框架

长期以来,欧盟十分重视技能的个体发展价值和社会工具价值,并认为技能发展是保证个体教育基本权利、促进社会经济发展和社会和谐稳定的压舱石。2008年,欧盟委员会提出欧盟的首要任务是更好地满足技能需求。通过分析欧盟的技能实践可以发现,欧盟技能发展主要围绕个体职业发展历程展开,技能发展体系框架构建主要包含技能培养、技能激活和技能匹配。

一、技能培养

技能培养主要反映了国家或组织投入教育与培训以及技能领域的产出情况。欧盟内部的技能培养涉及人们生活的各个阶段,主要包含各种正式与非正式教育与培训成果,主要依赖于各类教育机构——基础教育、中等教育、高等教育和继续教育机构。欧盟重视技能培养,主要体现以下几个方面:

第一,注重人才核心技能的养成。核心技能又称核心技术能力,是个体或企业通过特有的技术要素和技能或各种要素和技能的独特的组合来创造具有自身特性的技术,以产生稀缺的、不可模仿的技术资源(包括技术和知识等)的个体能力。随着知识经济的不断发展,终身学习理念深入人心,人们愈加认识到学习知识,增长见识提升核心技能的重要性。欧盟更是提出了面向21世纪的新的技能培养框架。关于核心技能的培养,欧盟强调横向基础技能与职业技能双管齐下。其中,《反思教育:为更好的社会经济投资技术技能》(2014)报告指出,一名合格欧洲公民应掌握基本的横向基础技能与职业技能。一是横向基础技能主要包含以批判性思维、主动性、问题解决、协同工作等技能为主的横向技能和以读写能力、数字能力、科学与数学基础等为主的基础技能。据统计,欧洲15岁的学生中未掌握基本技能的比例约为20%,有五个国家在阅读方面学生成就较低的比例超过 25%。[①]为此,欧盟各成员国通过各项改革努力提升公民横向基础技能,如实施国家标准化考试,建立读写、数学和科学中心,创建教师网络和继续专业发展中心等。二是关于职业技能,欧洲委员会一方面通过开发世界一流的职业教育体系,提高青年人的就业率,增加技能匹配度,如鼓励与支持德国开发"双元制"技能人才培养模式;另一方面提出要提升技能培养领域合作的广度和深度。如在欧盟层面建立促进职业教育和培训领域合作的学徒制联盟,强调要汇集各会员国和利益相关者参与,并要求在国家层面上采取行动。

第二,注重特殊人群的技能开发。包容性的劳动力市场应同时吸引所有公民的就业,包括低技能和其他弱势群体。为此,欧盟在针对妇女、残疾人、高龄人员和外来移民制定了特殊政策,推动相应的技能培训工作,使那些处于危险或排斥边缘的个人和群体获得平等的培训机会。比如,随着女权意识的崛起,大学毕业生中女性占比已经达到了 60%,但其就业率却低于男性[②]。为此,21 世纪初,欧洲委员会专门设立了女性与科学部门,以支持女性科技人才队伍在科学领域中的职业发展。2021 年,欧盟提出第九个框架协议,斥资 955 亿欧元推动研究创新,承诺加大力度支持各个社会领域的女性科技人才的职业发展。另外,2020 年,欧盟出台《欧洲技能议程:促进可持续竞争力、社会公平和抗逆力》强调开发生活技能,加强成人教育,关注如老年人等不活跃群体,设计成人终身学习标准,并对合法移民采取更具战略性的技能开发办法,以更好地吸引和留住人才。[③]

第三,加大技能培养的投入,保障技能开发资金使用效率。在技能培养经费投入方面,欧盟主要采取以下措施:第一,成立各项专项基金补助,加大公共技能培养的投入。为支持欧盟公民实现更好的就业,促进欧盟各成员国生产力的发展,欧盟设立了欧洲社会基金、终身学习项目资金、欧洲地区发展基金等。如为保障实现《欧洲技能议

---

① EuropeanCommission. Rethinking Education:Investing in skills for better socio-economic out comes[EB/OL].http://www . cedefop . europa . eu/en/content/rethinking -education-investing-skills-better-soio-economic-outcomes.

② 欧盟发布《欧洲新的技能议程:共同合作加强人力资本、就业能力和竞争力》政策报告[J].职业技术教育,2017(22):6.

③ 温娟娟.《欧洲技能议程(2020)》政策精要与评价[J].职业技术教育,2021(9).

程:促进可持续竞争力、社会公平和抗逆力》(2020)中提出的十二项行动计划的落实,促进欧盟可持续竞争力、社会公平和抗逆力目标的实现,欧盟除了固定的技能投资之外,主要通过设立各项专项基金保障技能发展,其中,新技能议程中提出设立860亿欧元的"欧洲额外社会基金";246亿欧元"欧盟教育、培训、青年和运动"项目以及92亿欧元的"数字欧洲"项目等。[1]第二,制定政策,鼓励私人领域的技能投资。《欧洲技能议程:促进可持续竞争力、社会公平和抗逆力》(2020)提出的十二项行动计划中,第一条便提出制定"技能协定",动员所有伙伴为人们提供更多更好的培训机会,并在技能生态系统中开启公共和私人投资。第三,通过实行管理上的分权化、机构自治等,确保资金使用效率。如资金管理权利方面,保加利亚、捷克共和国等许多欧盟国家实施了分权。在法国,求职者培训资金的管理就成了地区的职责[2]。此外,欧盟采用新的资金分配方式提高资金的使用效率和资金分配的公平性。如在资金的使用效率方面,欧委会不断加强与国家统计局合作,并通过建立"卫星账户"保障资金使用的透明度。

二、技能激活

技能激活反映了从教育到就业过渡的变量和不同群体在劳动力市场的参与情况。长期以来,欧盟主要通过以下措施促进技能激活,保障不同群体顺利进入劳动力市场。

第一,重视与企业合作开展现代学徒制培训,促进匹配就业。欧债危机背景下,多数欧盟成员国面临青年失业率攀升的严峻挑战。现代学徒制作为校企合作的新型技能人才培养模式,一定程度上能够为青年人提供高质量的培训,实现个体的匹配性就业。为此,现代学徒制成为欧盟解决就业问题,实现职业教育培养高技能人才的主要模式。2013年,欧盟成立了"欧洲学徒联盟",旨在推动产业和教育领域之间的合作,缓解青年结构性失业问题。2016年,《高质量学徒制的20条指导原则》提出构建高质

---

① 欧委会发布欧洲技能议程提出12项行动[EB/OL].http://ccpit.linyi.gov.cn/info/1019/2761.htm:74-79.

② 苟顺明.欧盟职业教育政策研究[D].重庆:西南大学,2013.

量学徒制的具体原则以及一系列行之有效的举措。2018 年,欧盟理事会通过了《欧洲高质量和有效学徒框架》提案,进一步明确了学徒的学习和工作条件标准、学徒制的框架条件标准、欧盟委员会对学徒制的支持。①

第二,关注青年人就业问题,激活劳动主力军进入就业市场。2010 年,欧盟推出"青年人行动计划"一揽子就业措施,旨在为青年人就业、创业和教育提供欧盟层面和国家层面的信息、资金和政策支持。该计划还包括"青年人机遇倡议""来自欧洲就业服务网络的第一份工作"和"青年在工作"等一系列促进青年人就业的措施。2011 年、2013 年春季,欧盟就"青年保障"计划达成协议,以帮助欧盟 25 岁以下的失业和待业青年获得高质量的就业机会和再教育机会。2021 年,欧盟职业教育与培训中心推出"职业教育与培训工具包"(以下简称"职教工具包"),并称职业教育与培训是青年融入社会的救生衣。②欧盟的"职教工具包"主要围绕不升学、不就业、不进修或不参加就业辅导,终日无所事事的青年人,即"尼特族"失业人员③,开展高质量的职业教育。"职教工具包"对欧盟和世界各国提升其就业技能,促进社会包容和劳动力市场融合意义重大。

第三,加强学习成果认证,破除制度壁垒,促进更多劳动者流入人才市场。非正规和非正式学习认证是促进个人终身学习与社会发展的重要手段, 可以为弱势群体提供入学或就业机会,促进社会公平。21 世纪以来,欧盟及成员国愈加重视非正规与非正式学习成果认证的问题。2002 年,欧洲委员会发布《哥本哈根宣言》,倡议实施识别和认证非正规、非正式学习和终身职业指导的欧洲共同原则。2004 年欧盟理事会通过关于资格和能力透明化单一框架的决议,建立欧洲通行证(Europass)框架。④

---

① Council of the EU.Council Recommendation on a European Framework for Quality and Effective Apprenticeships [EB ∕OL]. https://data.consilium.europa.eu/doc/document/ST -6779-2018 - INIT/en/pdf.

② Cedefop.Vocational education and training as a life jacket [EB/OL].https://www.cedefop.europa.eu/files/9168_en.pdf.

③ 廉思."尼特族"的群体特征及行为动机研究[J].人民论坛,2021(1):84-87.

④ CEDEF OP.Europass2005 -2020achievementsandprospects[EB/OL].http://www.cedefop.europa.eu/files/9069_en.pdf.

三、技能匹配

技能匹配表征个人的能力和工作要求之间的匹配，即劳动力市场上技能有效匹配度，反映了技能成功运用的程度。欧盟长期以来关注技能匹配的问题，并通过以下具体举措实现人员的匹配就业。

第一，面向实现失业人群，实施技能匹配就业培训。2014 年，欧盟统计局数据显示，较高失业率国家的民众更为普遍地认为，教育培训没有为他们提供劳动力市场所需技能或帮助他们找到合适的岗位。[1]为此，欧盟及各成员国采用为失业人群提供通用技术培训、定向技能培训、短缺技能培训、"企业—定向"技能培训等措施，实现人群技能匹配就业。如围绕成人失业群体，作为欧盟成员国的法国将提供书面表达、计算、阅读、科学与技术、外语等基础性和可转移的技能培训纳入政策工具。

第二，为预防技能不匹配失业，构建欧盟技能治理框架，2008 年，欧盟确定了技能错配的重点研究方向，此后，实施了一系列解决技能不匹配的具体策略。2012 年，欧盟委员会正式启用"欧盟技能全景"网站，为欧盟及各成员国提供各种技能需求、技能供给和技能失配等信息，极大地促进了各成员国技能发展体系的调整与完善。此外，欧盟构建一套技能治理分析框架，该框架借助技能指数、在线职位空缺与技能分析、技能与职位调查等一系列大数据分析方法，专门调查技能供需信息，以探究技能匹配的现状；同时，借助行业分析、企业技能调查、跟踪调查等方法，定期预测劳动力市场的技能供需发展趋势。[2]

---

① European Commission.Employers'Perception of Graduate Employ ability:Analytical Report.Flash Eurobarometer,No304〔R〕.Luxembourg:Publications Office,2010.

② CEDFOP.GovernanceofEUSkillsAnticipationandMatchingSystems〔EB/OL〕.http://www.cedefop. europa.eu/files/20171016-cedefop_skills_governance_framework.pdf.

第三节 经合组织(OECD)的技能战略内容框架

经济合作与发展组织,简称经合组织(OECD),是由 38 个市场经济国家组成的政府间经济组织,旨在共同应对全球化带来的经济、社会和政府治理等方面的挑战。为保障各成员国经济繁荣和社会包容,使国民能够获得体面工作和幸福生活,2012 年,经合组织发布了《更好的技能、更好的工作、更好的生活:技能政策战略规划》报告(以下简称"2012 技能战略"),提出实现技能战略的有效路径,即"技能开发、技能激活和技能利用"。2019 年,OECD 结合"2012 技能战略"的实施情况和世界发展新趋势发布了"2019 新技能战略",将"技能激活"和"技能利用"整合为"在工作和社会中有效利用技能",并增加了"强化技能体系治理"这一部分内容。OECD 的技能战略内容主要按照此战略框架进行部署。

一、技能开发

随着社会的不断发展,传统教育体系不断受到挑战,以"终身性"和"全民性"为关键特征的终身学习体系的建立成为时代发展、社会进步和个人成长的重要诉求。在此背景下,鼓励终身教育,提供持续培训成为 OECD 技能战略的核心,"2012 技能战略"开始关注终身学习,"2016 年新技能战略"强调基于全生命历程的相关技能培养。

第一,技能培养理念上强调以学习者为主体,鼓励人们终身学习。一方面,增强培训的系统性,增强技能培养的连贯性。为了让更多人继续学习和提升技能,OECD 技能战略提议各国首先加大对幼儿教育的关注度与投入度,加强职业启蒙教育,为个体职业生涯的开启奠定基础。其次,提升义务教育阶段的公平性与优质性,努力提高学生基础技能,为技能发展与培养创造良好条件。最后,构建现代职业教育与培训体系。在实践层面上,OECD 强调各成员国通过建立健全多元化支持性政策保障机制,激励个体通过正式和非正式方式参与学习和培训。为保障培训质量,OECD 强调各成员国重点关注终身学习结果的可见性和回报率。另一方面,注重终身学习态度的养成。

《2021 年技能展望:终身学习》(2021)为国家如何更好地支持全民终身学习和个人学习能力提升提供了建设性意见,重点强调了教师、学校和家长在促进青少年终身学习态度养成方面的重要作用。如在教师和家长的重要支持下,早期学习对帮助学生形成强大的技能和积极的学习心态至关重要,而积极的学习心态又与较高的数学、阅读和科学熟练程度以及更高的教育和学习期望有关。

第二,培训内容上对变化的技能需求加以引导,促进技能发展。确保技能供应在数量和质量上足以满足当前和新出现的需求是技能政策的中心目标。供应不仅响应需求,而且对需求也有重要影响。[①]为此,OECD 从需求出发对供给何种技能以及如何供给提出要求。首先,根据社会发展新形势,加强数字化能力的培养。以"终身学习"为政策核心,构建贯通各类教育的支持体系是 OECD 推动教育数字化转型的战略方向。《技能展望 2019:在数字世界中蓬勃发展》报告分别从"数字世界中的工作技能""面向数字社会的技能"以及"在数字环境中学习的技能"三个方面探讨了数字世界转型中个体如何适应以及发展;其次,明确终身教育体系适应数字化转型的战略要点。该战略从个人技能发展的不同学习阶段提出不同的技能培养内容。(1)学前教育阶段,培养儿童数字韧性。OECD 相继发布《教育 21 世纪的儿童:数字时代的幸福感》(2019)和《数字化时代的教育:健康快乐的儿童》(2020)的研究报告。(2)基础教育阶段,培育青少年的数字素养。2021 年发布《OECD 学习框架 2030》,再次提出数字素养概念,其重要性逐步凸显,甚至成为与阅读、数学和科学素养并列的一项通识性素养。(3)高等教育领域,大力发展开放教育及远程课程和慕课(MOOCs)。《OECD 技能战略 2019》报告指出,开放教育及远程课程作为高等教育的扩充,大学作为提供开放教育及远程课程的主体,应在缩小技能鸿沟上发挥作用。(4)成人学习领域,推广"区块链"技术赋能终身教育创新,实现各类学习成果的认证与转换。此外,不断推进数字化重点项目,如数字化基建项目、数字化资源开发项目、数字化能力监测项目等。

第三,加强技能形成的保障制度建设。一方面,通过促进技能人才的国际流动来

---

① OECD.Better Skills, Better Jobs, Better Lives: A Strategic Approach to Skills Policies[R].OECD, 2012:13.

填补技能缺口。OECD 国家在吸引和留住技能人才方面竞争日益激烈,并制定了一系列优惠政策促进技能型人员的国际流动来填补技能缺口。为此,各成员国制定了技术移民入境制度,如新西兰制定"2021RV"政策,即"新西兰永久居民签证",该政策通过技术移民打分系统——"六分制",主要基于"收入、职业资格、职业注册、在新西兰居住的时间"等进行打分。该制度给想要技术移民的人提供了一种"新的思路",使得技术移民成本降低,审核并派发签证更加快速,更多有技能的人能够安定下来。该政策发布以来,目前已有超过 19 万人获批。2022 年 5 月,新西兰移民局发布了新的绿色清单政策,取代了原有的技能短缺清单,旨在为新西兰引入紧缺型人才。此外,移民部部长 Michael Wood 表示,从 2023 年 9 月 29 日起,如若符合条件的部分移民所从事职业在绿色清单内,且满足 2 年工作经验要求,便可申请居留权。另一方面,制定促进跨国境的技能政策。OECD 认为技能是 21 世纪的全球货币,制定全球性的技能政策有助于各国共同促进技能均衡与发展。一些国家开始考虑超越本国边界的技能政策,并开始投资其他国家人民的技能,即向海外公司的分支机构提供训练有素的工人,并减少(特别是高技能个人)移徙的动机。另一种鼓励全球性技能发展的方法是设计鼓励跨境高等教育的政策,帮助国家快速地扩大技能储备。①

二、技能利用

第一,激活技能供应。OECD 强调成员国可以通过两种主要方式激活技能供应。一种方式是鼓励人们将其所拥有的技能提供给劳动力市场。人们拥有技能,但由于种种原因,可能决定不向劳动力市场提供这些技能。在所有 OECD 成员国中,许多人由于个人或家庭环境或经济原因而选择离开劳动力市场。这就需要识别在劳动力市场不活跃的个人,重新培训他们,为其提供进入或返回劳动力市场的经济激励,并努力消除雇用的需求侧障碍。②OECD 强调各国加大终身学习项目的投入,并特别关注弱

---

① OECD.Better Skills,Better Jobs,Better Lives:A Strategic Approach to Skills Policies［R］.OECD,2012:52-53.

② OECD.Better Skills,Better Jobs,Better Lives:A Strategic Approach to Skills Policies［R］.OECD,2012:14.

势群体,包括年轻人、未受过教育培训的失业者、妇女以及工作转变风险最大的工人。2022 年,OECD 召开了以"提高弱势群体终身技能"为主题的技能峰会,该会议呼吁加快制定技能政策,以应对数字化和技术变革性影响,通过为弱势群体提供更多精准对接就业市场需求的技能培训机会,助推其融入数字绿色包容的社会生态。①在此过程中,OECD 各成员国积极响应,并通过刺激雇主参与的方式鼓励技能开发。其中,培训税款是最普遍的政策工具。法国、比利时、西班牙和南非等国均采用了此政策。另一种方式是增加学习者的数量,提高其参与度。增加个体对技能参与和投资的主要措施包括:通过学徒制以及高等教育使青年更多地参与职业教育与培训项目。为此各成员国出台多项政策以及具体实施方案,除财政支持外,推进成年人参与技能学习的措施包括:建立培训意识、动机和信心;赋予学习的权利,提供下班时间学习、带薪或不带薪脱产学习的机会;基于工作场所的举措;以社区为基础的方案等。②

第二,实现技能有效利用。该策略主要通过帮助雇主发掘员工擅长的技能、解决年轻人失业问题、提供已有技能与技能需求之间的有效信息、促进本地劳动力市场内部流动来促使人们掌握技能并更加满足工作要求③。OECD 国家主要通过以下两个方面实现技能有效利用:一方面是在人们的技能和工作要求之间创建更好的匹配。技术指数式发展正深刻影响着产业自动化浪潮,加之全球化、人口结构变化等因素的叠加影响,成人技能教育系统在应对就业不确定性,帮助就业群体实现适应性就业方面面临严峻考验。OECD 探索多种措施,其中,借助"互联网 + 教育"成为应对这一挑战的重要思路。如经合组织提出人工智能赋能成人技能教育的 PMCD(Planning, Matching, Content and Assessment, Delivery)框架,探寻人工智能技术促进成人技能教育创新发展的价值潜力,指导成员国成人技能教育系统数字化转型升级。④该计划在成人培训规划、技能培训方案、个性化学习路径和培训交付方式四方面提出加强技能匹配的具

---

① OECD. Building vulnerable people's skills for a digital, green, inclusive world [R]. Paris: OECD Publishing, 2021.

② OECD. Learning for jobs[R]. Paris: OECD Publishing, 2010.17.

③ Use skills[EB/OL]. http://skills. oecd. org/useskills/.

④ OECD. Opportunities and drawbacks of using artificialintelligence for training [R]. Paris: OECD Publishing, 2021.

体实施路径。另一方面是开展技能数字化评估。长期以来,工人的资质和技能工作岗位之要求和期望的错配,在大部分参与国及经济体中都是普遍存在的。[1]为此,OECD主要通过国际成人能力评估计划、国际学生评估计划和高等教育学习成果评估等调查来监测成员国及项目参与国(地区)的技能发展水平,了解技能发展趋势以及劳动力胜任力状况,为增强自身国际竞争力指明方向。

三、技能治理

技能的形成与发展涉及政府、教育与培训体系、劳动力市场与行业企业等不同组织,涉及教育、人力资源管理、社会保障、行业企业等多个部门相互协作,共同治理。治理作为一项系统工程,治理过程是不同治理主体使用多种治理工具技能发展问题各项事务的实践活动,直接影响技能开发的效果。OECD 及成员国愈发意识到强化技能体系治理在应对技能社会深层变革的重要作用。2019 年《新技能战略》提出,OECD 在技能系统治理方面存在的挑战,如技能治理过程的跨政府协作;利益相关人的参与方式;信息系统的搭建;政府财政系统的支持等。为此,挪威强调跨政府协作,并设立了由公共机构、社会合作伙伴和成人学习领域的非政府组织组成的技能政策委员会,改善在技能培训和融资供给方面的边缘地位群体被忽视的情况。信息系统构建方面,爱沙尼亚资格认证局构建了服务多对象的信息系统。该系统提供的数据主要服务于劳动力市场对技能的需求情况,为政府决策提供数据支持。[2]财政支持方面,爱尔兰通过构建培训网络保障技能培训,其中私营企业是资金供给的重要来源,如国培基金会的资金来源于国家对企业征收税率为 0.7%的培训基金税。[3]

---

① OECD (2019),Skills Matter:Additional Results from the Survey of Adult Skills OECD(2019),OECD Skills Studies,OECD Publishing,Paris[R/OL]. https://doi. org/10.1787/1f)29d8f-en.

② OECD. Strengthening the governance of skills systems:lessons from six oecd countries[EB/OL]. https://doi.org/10.

③ MARSDENJ,DICKINSONP.International Evidence Review on Co-funding for Training.2013[EB/OL].https://assets.publishing.service.gov.uk/government/uploads/system/uploads/attachment_data/file/210881/bis-13-1014-international-evidence-review-on-co-funding-for-training.pdf.

第四节　联合国教科文组织(UNESCO)的技能战略内容

"职业技术教育与培训(TVET)是促进社会参与、竞争力、社会和平、繁荣及高就业率的关键要素"。[①]近年来,为应对全球各地社会、经济、人口和技术等方面迅速变化带来的诸多严峻挑战,联合国教科文组织(UNESCO)利用其在主管领域的动员能力,进入 21 世纪以来发布三次职业技术教育与培训战略,将职业技术教育与培训置于前所未有的高度。通过分析战略的基本内容可以发现,UNESCO 的技能战略主要围绕"发展目标、优先事项和交叉干预"的政策逻辑展开。

职业技术教育与培训战略(2010—2015 年)的战略目标为:"实现全民优质教育和终身学习"。该战略以三个核心领域为重点:提供上游政策咨询并开展能力建设;从概念上阐明技能培养并改进监督工作;发挥信息交流中心的作用,为全球有关职业技术教育与培训的讨论提供信息资料。

职业技术教育与培训战略(2016—2021 年)旨在促进平等获得技术和职业教育和注重培养体面工作所需技能的具体目标。战略有 3 个优先事项:促进青年就业和创业;促进公平和性别平等;促进向绿色经济和可持续社会转变。此外还采取一系列的交叉干预行动进一步支持这些优先领域:技能预测和评估;技能和资历的境内和跨境承认;监测落实可持续发展目标及职业技术教育与培训相关具体目标的进展情况。

职业技术教育与培训战略(2022—2029 年)支持会员国增强其职业技术教育与培训体系的相关性以及让所有青年和成年人掌握就业、体面工作、创业和终身学习所需技能,通过发展多领域技能,应对 2019 年新冠疫情带来的社会挑战,该战略侧重于三个优先领域:培养个人学习、工作和生活技能;鉴于绿色和数字转型经济,培养能够建设包容和可持续经济的技能;培养能够创造包容与和平社会的技能。为使新战略实

---

① UNESCO. Skills on the move: global trends, local resonances [EB/OL]. https://unesdoc.unesco. org/ark:/ 48223/pf0000252293_chi? 2=null&queryId=4b6ee769-d0ef-4ae0- af98-cf04afc77296.htm

现成果最大化,教科文组织将采取交叉干预行动,并通过发挥数据和知识、准则性文书、网络和伙伴关系三个杠杆的作用加以实现。

通过对上述三项技能战略的关键依托和基本理念进行审思可以发现,UNESCO 职业技术教育与培训战略在培训理念上兼具包容公平,强调全纳教育和公平教育;在战略内容上主要服务于促进青年就业和创业以及绿色经济转型发展;在技能培训开发保障上体现合作与监督。

一、提出兼具包容与公平的技能开发理念

第一,贯穿包容理念,保障优质平等的全民终身学习机会。UNESCO 系列文件均体现包容理念。2012 年,《上海共识》明确提出"在倡导机会、包容、公平、促进可持续发展以及和平文化的整体框架内,认识到职业教育对于促进可持续发展的贡献"。2015 年,《关于职业技术教育与培训(TVET)的建议书》进一步明确了会员国推进职业教育包容发展的职责,以确保失业人群和弱势劳动者等更容易获得职业教育和技能培训。《仁川宣言:2030 年教育》高度注重职业技术技能的培养,尤其是在获得负担得起的优质职业技术教育与培训上。该宣言制定了"迈向 2030:新的教育愿景",即"确保全纳、公平、有质量的教育,增进全民终身学习机会"。《职业技术教育与培训战略(2022—2029 年)》将"培养个人学习、工作和生活技能"作为培训工作的优先事项进行部署。由此可见,UNESCO 在技能开发中,以终身学习为手段,重点关注入学机会、公平、全纳、质量。

第二,制定有针对性的措施,发挥职业技术教育与培训对妇女和女童的作用,以促进包容和性别平等。尽管技术在进步,经济在增长,但是不平等和贫困在世界许多地方仍然存在,尤其是妇女缺乏获得技能发展和体面工作的机会。如 2014 年,全球妇女失业率为 6.4%(男子为 5.7%),全球的妇女劳动力参与率为 68.7%(男子为81.7%)。[1]《职业技术教育与培训战略(2016—2021 年)》将促进公平和性别平等作为职业技术教育与培训的优先领域,并提出到 2030 时,确保所有男女都能平等获得费

---

[1] UNESCO.Strategy for Technical and Vocational Education and Training(TVET),(2016-2021).2016[EB/OL].https://unesdoc.unesco.org/ark:/48223/pf0000243804_chi.

用低廉的优质技术、职业和高等教育。《职业技术教育与培训战略（2022—2029）》从个人学习、工作和生活所需技能的角度倡导包容与公平理念。如学习层面，UNESCO 通过以下承诺实现公平获取和扩大优质的职业技术教育与培训，保障优质的全民终身学习机会，发展个人所需技能。一是重点支持设计并落实个体终身学习的权力，确保所有公民，尤其是妇女、儿童等弱势群体具备基本的识字能力和运用计算能力。二是强调借助现代手段，运用信息技术提升职业教育与培训质量，增强培训的有效性。三是构建灵活方便的学习途径，并构建微型证书国际质量框架，通过流动、跨国资历承认、认证正规与非正规学习成果，提升技能成果的有效利用。

二、将促进青年就业和创业作为优先领域之一

增加青年就业是当今世界各国经济体和社会面临的重大问题之一，不论是发达国家还是发展中国家均是如此。《职业技术教育与培训战略（2016—2021）》提出，为了吸收目前失业的 7300 万年轻人以及每年新进入劳动力市场的 4000 万人，未来 10 年里需创造至少 4.75 亿个新的工作岗位。[①]在该战略中，UNESCO 将支持会员国开展政策审查和改革职业技术教育与培训；动员不同利益攸关方开展合作；支持会员国制定高效的职业技术教育与培训筹资战略三项措施促进青年就业和创业。

第一，倡导全政府治理理念，通过政策审查和改革方式，立足于现实需求，干预职业技术教育与培训，提升就业匹配度。此外，UNESCO 根据成员国的发展背景和政策优先事项，对职业技术教育与培训进行科学规划、设计、实施和评估。干预的具体内容和成果反映在《关于职业技术教育与培训的建议书》（2015 年）中，其中，宏观层面包括各机构组织的安排情况、职业技术教育与培训治理和监管框架的搭建、资金供给方式、培训公平的保障和准入条件（尤其是对边缘化群体和妇女而言）；微观层面上，UNESCO 审查和改革落实在培训的课程改革、教学人员的职业发展、资格框架的确定以及对培训的监测和评估等。

---

① UNESCO.Strategy for Technical and Vocational Education and Training（TVET），（2016-2021）.2016［EB/OL］.https://unesdoc.unesco.org/ark:/48223/pf0000243804_chi.

第二，动员不同利益攸关方开展合作方面，UNESCO 认识到不同组织相互协作、相互配合对于促进青年就业和创业培训的重要性，并通过支持会员国开展合作项目的方式具体实施。如创业课程方面，UNESCO 通过支持中小企业提供工作场所学习、鼓励私营组织与当地组织制定合作项目的方式提升青年就业水平。

第三，筹资战略制定方面，UNESCO 主要通过向会员国提供支持和鼓励私营组织捐款的方式进行落实。2021 年的评估结果显示统计，过去六年中，UNESCO 在职业技术教育与培训方面的活动为全世界 50 个国家提供了支持。通过这些活动，约有 5000 名职业技术教育与培训领域的利益攸关方（领导者、官员和私营部门的专家）和约 2737 名教学人员接受了培训，总共有 224 个职业技术教育与培训机构从 UNESCO 开展的工作中受益。这些工作由设在德国波恩的教科文组织国际职业技术教育与培训中心（UNESCO-UNEVOC）牵头，具体形式为培训、能力发展和设备采购。UNESCO 还为职业技术教育与培训筹资约 7200 万美元。

三、将服务绿色、数字经济转型作为技能培训优先领域之二

第一，发展绿色技能是职业教育应对全球气候变化，低碳经济增长的必然选择。绿色职业技术教育与培训是绿色经济、社会和环境的基础，因此推动绿色 TVET 议程成为联合国教科文组织职教中心的首要任务。为此，联合国教科文组织职教中心2012 年专门设立了绿色职业技术教育与培训和技能开发机构间工作组。工作组聚集了国际机构和重要的利益相关方，旨在共同应对职业技术教育与培训所面临的可持续发展挑战。联合国教科文组织总部政策与终身学习系统部博亨·查克伦主任提出绿色技能开发要考虑政策、课程、教学、认证，以及监管和评估五个维度。如何落实绿色技能开发的实施，他具体提出通过与企业的合作；促进教学人员能力的提升；开发绿色技能框架，支持开发教育资源；通过使用网络和平台共享等方式保障实施。《联合国教科文组织国际职业技术教育与培训中心中期战略（2021—2023 年）》进一步强调绿色职业教育建设，并提出通过推广《绿色职业教育实践指南》，鼓励职业教育工作者树立绿色职业教育理念，并动员职业院校制定有效的气候变化应对策略，实现职业教育

的绿色与可持续发展。

第二,数字经济转型,加快职业教育培训内容变革。数字技术的发展影响了社会各个领域的深刻变革。尽管如此,相关调查表明,仍有 60%的世界人口仍未上网,不能充分参与数字经济。①UNESCO 也注意到数字经济转型的重要性,并在《TVET 战略(2022—2029)》中强调重点发展包容性和可持续经济所需的技能,以回应工作场所、线上和其他学习环境对包容数字和绿色转型的需求。②为此,UNESCO 拟定通过下述几种方式发展包容和可持续经济所需技能:一是支持会员国分析其不断变化的经济状况,增强其确定和预测向数字经济转型所需技能的能力;二是加强教科文组织提供职业技术教育与培训的计划,以回应工作场所、线上和其他学习环境中对包容性数字转型的需求;三是支持会员国确定劳动力市场所需的新技能,以顺应科学、技术、工程、数学(STEM)在社会和经济生活中日益发挥重要作用之势,其中特别关注女童和妇女,包括在高级数字技能和培养创业技能和思维方面,并将其纳入技能和职业技术教育与培训体系。

四、技能战略实施保障中的合作与监督

第一,加强技能战略实施的合作。联合国教科文技术和职业教育与培训中心(UNESCO-UNEVOC)致力于最大限度地挖掘国际合作的潜力,从而开展各项活动,提高 UNESCO 成员国的决策能力和机构能力建设。一方面,中心与 UNESCO 内的重要合作伙伴(总部、总部外办事处、UNESCO 机构和 UNESCO 全国委员会)联合开展活动。另一方面,UNESCO-UNEVOC 国际中心还与其他相关机构建立了密切合作关系,如联合国系统内部和外部致力于职业技术教育与培训的重要国际工作者、双边和多边发展合作伙伴、国家机构、大学以及非政府组织。为了支持技能战略的实施工作,UNESCO 专门设立了职业技术教育与培训机构间工作组,以确保与活跃在该领域的

---

① 世界银行.2016 年世界发展报告:数字红利[R].北京:清华大学出版社,2016:3.

② UNESCO.Strategy for Technical and Vocational Education and Training(TVET)(2022−2029):transforming TVET for successful and just transitions.2022[EB/OL].https://unesdoc.unesco.org/ark:/48223/pf0000380775?35=null&queryId=692713ce-93fb-448c-ba15-130602c13ae5.html.

国际机构进行系统地合作和协调。值得关注的是，教科文组织意识到非正规部门和农村地区的技能发展方面与有关会员国合作的重要性，并通过实施传统的学徒制，鼓励行业协会、地方当局和社区在治理和供资等支持会员国在工作场所和农村社区提供优质的技能培训。此外，UNEVOC 还与私营部门在一些领域建立了密切的合作关系。《职业技术教育与培训战略（2022—2029）》提出，联合国教科文组织公共和私营部门的伙伴关系应成为国家职业教育体系的支柱：TVET 政策和内容的制定与实施应当与劳动力市场的参与者和主要的私营技能培训提供者（非政府组织等）密切合作，以确保培训的相关性。

第二，加强技能战略实施的监测评估。加强技能战略的监测与评估是教科文组织的一项优良传统，从目标和具体事项等不同维度发布监测与评估报告，以保障战略实施效果，并为制定新战略提供相关建议。以《职业技术教育与培训战略（2022—2029）》为例，UNESCO 已启动针对《TVET 战略（2022—2029）》的审查，对"变革进程的逻辑框架以及进程进行内部监测"[①]，并提出在 2025 年对该战略进行中期审查，评估进展情况，根据情势和运作情况对新战略做出必要调整。UNESCO 指出，对于新战略能否契合现实，并实现预期效果，还将取决于 UNESCO 对《TVET 战略（2022—2029）》的持续内部监测、数据和知识杠杆。为此，教科文组织将开展研究并支持会员国收集、分析和利用有关劳动力市场需求、职业技术教育与培训计划及本国经济和社会成果的数据。其中，包括支持会员国利用数据分析职业技术教育与培训数据方面的进展，以确保学生和雇主充分了解情况并具有充分权能，以做出适当的选择。为确保监测数据的准确性，教科文组织重视网络作用。如新战略加大 UNESCO-UNEVOC 网络建设，提升新兴技能需求分析能力的同时，继续加强和扩大职业技术教育与培训机构间工作组，使其各工作组进一步运作，并将其置于全球教育架构之中，该架构是全球教育合作机制的进阶版，于 2021 年通过。

---

① UNESCO.Strategy for Technical and Vocational Education and Training（TVET）（2022−2029）: transforming TVET for successful and just transitions.2022［EB/OL］.https://unesdoc.unesco.org/ark: /48223/pf0000380775?35=null&queryId=692713ce−93fb−448c−ba15−130602c13ae5.html.

第五节　国际劳工组织(ILO)的技能发展内容

国际劳工组织(ILO)是联合国机构体系中成立最早的专业机构之一,主要负责劳动就业与社会保障等事务。作为与劳动世界关系最紧密的社会组织,国际劳工组织一直关注职业教育,且自诞生之日起,职业教育就被写入了组织章程。ILO 认为"教育与培训是体面劳动的中心支柱",不仅格外重视教育与培训,还将体面劳动作为"新的教育与培训政策及策略的基础"。[①]进入 21 世纪以来,随着知识经济的不断发展,劳动工具的不断更迭,"技能"成为 ILO 职业教育策略的新关键词。回顾近年来相关技能政策与具体实践,技能政策内容与实践经验主要集中在以下几方面。

一、以体面劳动与终身学习理念为指引

第一,体面劳动理念具有顶层统领作用,指导着组织发展目标以及国际劳工组织的政策和实践行动。1999 年,第 87 届国际劳工大会报告指出,"当前国际劳工组织的主要目标是促进女性和男性在自由、公平、安全和人类尊严的条件下获得体面和生产性工作的机会"[②],促进就业、维护劳动者基本权益是实现体面劳动的重要途径之一。21 世纪以来,国际劳工组织在不断细化"体面劳动"理念,通过实行"体面劳动国别计划"在国家层面行动不断贯彻上述理念。2008 年,国际劳工组织发布《社会正义促进公平全球化宣言》,提出"与成员国一道,为包括妇女和青年在内的所有人实现充分的生产性就业和体面工作做出贡献",该宣言明确了成员国、劳工组织及其他相关国际机构在促进体面劳动方面应该发挥的作用。除了作为国际劳工组织的组织目标,

---

① ILO .Conclusions concerning Human Resources Training and Development [EB/OL].https://www.ilo.org/public/english/standards/relm/ilc/ilc88/com-humd.htm.

② ILO.体面的劳动[EB/OL].https://www.ilo.org/public/libdoc/ilo/P/09364/09364(1999-87).

《2030 可持续发展目标》中承认体面工作在加强全球可持续发展议程中的核心作用。基于此,联合国议程将把体面工作成为全球性的一项发展议程。

第二,建立灵活的职业教育与培训体系。ILO 认为,随着技术变革、全球化的发展,经过一次职初教育和培训获得的技能已经完全不能满足劳动者一生的就业需求。为了个人发展之需,劳动者需要树立终身学习理念,不断更新自身就业技能,为此,需要建立一个灵活开放的教育与培训体系。终身学习的理念完全契合国际劳工组织体面劳动目标下的技能发展策略,影响着工人组织的一系列优先事项。21 世纪以来,ILO 将"终身学习"理念作为影响教育和培训体系发展的关键原则,纳入许多规范和政策文件中。2008 年,劳工大会通过的《提高生产力、就业增长和发展技能》指出,未来的教育和培训系统需要灵活多样,并且适应社会生产的要求,从而让个体做好终身学习的准备。2018 年颁布的《面向未来工作的全球技能趋势、培训需求和终身学习策略》报告指出,终身学习系统是实现技能发展的重要保障。《技能发展和终身学习:工人组织资源指南》(2020)详细说明了工人组织参与技能发展与终身学习的问题、方式以及优先领域。《技能和终身学习》(2021)指出,在不断转型的工作世界中,在工人组织的参与下,设计技能与终身学习系统。

二、强调社会合作伙伴关系的建立

在技能开发领域,社会对话的重要性尤其凸显。2001 年教科文组织和劳工组织修订的《二十一世纪技能和职业教育与培训建议》强调了在政策、规划和行政领域建立伙伴关系的重要性。该建议指出:"在现代市场经济中,虽然政府负有主要责任……但政策的设计和执行应该通过政府、雇主和其他方面的新伙伴关系来实现。"国际劳工大会作为国际劳工组织的最高权力机构,每年召开一次会议,负责听取国际劳工局局长的工作报告;讨论、通过国际劳工公约和国际劳工组织建议书;对理事会提出的经费预算进行审查批准,以及对一些重大问题,如改善劳动条件、保护工人健康等作出决议,而关于国际劳工大会代表的选择问题上,成员国每年会选派两名政府代表、一名企业代表和一名劳工代表。这也充分体现出,国际劳工组织的三方结构特征(政府、雇主、劳工),以及对于社会合作关系建立的重视度。2004 年,国际劳工组织在《人力资源开发建议》(第195号)提出在关键的技能系统和政策领域,让社会伙伴参与确定"国家教育和培训战略,并"基于社会对话"为国家、区域、地方、部门和企业各级的培训政策建立指导框架,此外,该建议提出促进对教育培训基础设施的"公共与私营投资",尤其鼓励私营机构提供培训"。①2008年《有利于提高生产率、就业增长和发展的技能》报告专门指出,企业、部门或国家级别的社会对话和集体谈判对技能和知识投资的刺激力方面是高度有效。②2019年劳工组织在《未来工作百年宣言》中强调要以三方机制和社会对话为基础,主张开展以人为本构建劳工世界未来的方法。总之,国际劳工组织通过担任国际体系中的联络员,促进劳动世界的三方代表展开社会对话、政策分析与制定,并共同探讨如何为实现体面劳动做出努力。

三、建设技能发展系统

为使技能体系与终身学习适应未来社会的发展,劳工组织的技能发展系统为各成员国技能开发指明了方向。一方面,加强技能评估、预测和匹配。2004年,《人力资源开发建议》(第195号)要求成员国建立国家资格框架以促进发展、落实和资助关于技能评估和认证的透明机制。2012年,ILO在第101届国际劳工大会上通过的《青年就业危机:行动呼吁》决议,呼吁世界各国开展社会对话,探究技能错配、资格标准化、学习经历认证等问题,以提升VET和学徒制对劳动力市场需求的满足能力。③《面向劳动世界的未来:构建技能与终身学习新体系》(2021)指出,虽然技能需求和供给之间难以实现完美匹配,但预测技能需求的工作仍十分重要,将极大降低技能供需大规模脱节带来的风险。另外,在该报告中,劳工组织沿用了195建议中提及的技能认可相关措施,并着重强调了"各国互认资格证书"与"推广数字证书与微型证书"的两点

① ILO.R195-Human Resources Development Recommendation,2004(No.195)[EB/OL].https://www.ilo.org/dyn/normlex/en/f?p=NORMLEXPUB:12100:0:NO::P12100_ILO_CODE:R195.

② ILO.Skills for Improved Productivity,Employment Growth and Development[R].Geneva:ILO home publication,2008:11,68-71.

③ ILO.The Youth Employment Crisis:A Call for Action[EB/OL].https://www.ilo.org/ilc/ILOSessions/previous-sessions/101stSession/texts-adopted/WCMS_185950/lang--en/index.htm.

建议。《职业技术教育与培训的数字化和技能发展:利用技术支持终身学习》(2021)提出技能系统"构建块"概念,包含"搭建劳动市场信息平台,以优化技能预测和匹配系统以及将数字化思维融入技能开发与认证。

另一方面,工作场所学习,提高技能利用率。劳工组织指出,技能利用率是技能在工作场所的有效应用程度。提高技能利用率,对雇主而言,可以刺激创新,提高工作场所的生产率;对劳工而言,可以提升工作满意度与实现职业流动。此外,技术的快速发展以及实践能力重要性的加强,凸显了工作场所学习的价值。如国际劳工组织高度重视工作场所学习,建议成员国通过多种措施促进工作场所学习和培训活动的开展[①],强调"培训是高绩效工作场所的一项极为重要的先决条件,而且是其最重要的组成部分之一",还对如何开展高绩效工作场所培训提出了一系列建议。[②]《职业技术教育与培训的数字化和技能发展:利用技术支持终身学习》(2021)提出,在真实工作情境中能够进一步增加学习者对工作环境、模式的适应性,减少"现场不匹配"。此外,劳工组织提出学徒培训、见习或实习以及在职培训作为"基于工作的学习"的主要形式能够最大程度解决不匹配问题,提升技能利用率。

四、采取灵活多样的融资和激励政策

确保稳定的资金,采取适当的激励措施促进为培训提供者、个人和企业参与技能培训系统是实现技能发展的必要条件。为此,劳工组织通过出台相应的政策措施保障与推动技能发展。

《技能发展的融资和激励措施:让终身学习成为现实》(2021)讨论了资助和激励技能发展的各项选择。从融资主体的角度看,劳工组织强调融资一致性,并认为其应是雇主、工会、个人等均参与融资,并达成共识,国家在其中承担统筹安排的角色。从资金来源与分配角度看,设立国家基金、国家与行业培训基金之外,结合征税与多样

---

① ILO.R195-HumanResourcesDevelopmentRecommendation,2004 （No.195）[EB/OL].https://www.ilo.org/dyn/normlex/en/f?p=NORMLEXPUB:12100:0::NO::P12100_ILO_CODE:R195.

② ILO.SkillsforImprovedProductivityEmploymentGrowthandDevelopment[R].Geneva:ILO,2008:11,68-71.

的资金来源方式,如捐赠者资金、政府发行的相关债券与学习者创造的收入构成一个灵活并专门用于教育和培训的储备资源池。此外,资金具体使用要以行业或区域需求为目的进行发放,提高资金筹集至使用环节的透明度,并加强问责制的建立,确保资金分配的科学、合理。

激励措施主要从以下两种方式实施:一是财政激励措施,劳工组织从政府、企业、个人层面出发提出了相关建议。(1)政府层面应发挥自身的统筹与主导组织作用,并通过适当的税收优惠政策激励组织参与培训。(2)企业组织方面,应发挥自身的天然优势,可利用补贴与补助金的方式积极动员个体参与培训。(3)个人层面上在树立危机意识,主动发挥自身主观能动性的同时,可通过政府补贴、贷款优惠等方式,为个人提供灵活的支持。二是非财政激励措施,增加培训需求与供给。如重视社会伙伴的支持作用以及搭建终身学习权利系统。

五、加强技能开发系统的协调与治理

近年,世界各国热衷于对终身学习政策系统的构建,如何对此系统进行有效协调,以使其产生切实的效果,成为劳工组织成员国关注的问题。关于此问题,劳工组织于2021年颁布了题为《技能体系中的有效治理和协调:迈向终身学习生态系统》的政策报告,旨在通过改善协调,建立一个更好地促进终身学习发展的技能体系。

技能开发与治理是多元治理主体之间复杂互动的博弈过程,不仅包括政府、职业院校、企业、行业组织组成的主导型治理主体,还包含以教师、学生为代表的参与型治理主体。从政府而言,作为拥有垄断性质的信息资源、财政资源的权威型组织,拥有政治上的等级权威,通过提供制度资源与组织智慧,充当职业教育中各利益主体的协调者、规则制定者,从而为不同治理主体之间的重复博弈、谈判协商等提供基本规则,促进整体性制度变迁,从而保证整个治理过程的制度完整性和社会凝聚力。[1]基于此,劳工组织提出许多中低收入国家在技能体系治理方面存在政府管理障碍。如在技能体系的有效协调方面,存在政府部门持续分化,多部门、碎片化管理;中央机构与地方政府行动严重分离现象直接导致技能的政策、战略、方案与项目出现平行、矛盾问题,一

---

① 青木昌彦.比较制度分析[M].上海:上海远东出版社,2001:234-243.

致政策难以落实，这也在一定程度上影响了政府部门的工作效率以及民众的公信力，也阻碍了雇主和工人组织的参与热情。其次，劳工组织认为技能的开发与利用既是国家层面的政治问题，也是一个地方发展的经济问题，既受区域经济发展需求的影响，也受到区域公共培训服务的制约。基于此，职业教育与技能体系的建立涉及甚广，涵盖宏观的部门和区域政策，中观层面的区域行业经济发展环境和微观层面的技能形成方式等。

基于此，劳工组织提出应通过达成一致的国家愿景以及多层次治理措施解决技能体系有效治理面临的障碍。首先，技能体系十分复杂，涉及国家与地方各级政府部门、雇主、工人组织等的互动，基于此如何构建有效领导力，实现组织内跨界领导显得尤为重要。Ryan 明确了治理中有效领导力的三个因素：形成可靠、有说服力且被各方普遍认可的决定；对协同过程进行适当管理；维持"技术权威性"。[①]劳工组织也指出，政府部门之间、社会组织与政府部门在国家一级达成一致的国家愿景，形成一致的认可，能够避免因执政党更替造成的中断情况，保证技能体系改革实践稳步推进，对于各国实施良好的终身学习战略至关重要。关于如何实现一致的国家愿景以及层次治理，劳工组织提出相应措施。如在实施分层治理方面，明确国家、部门、区域和地方各级在技能政策制定、技能认可、培训信息分享、培训方案制定等方面的职责，并建立有效的协调机制。此外，劳工组织还提出政府部分权力下放、技能数据的信息共享、参与者有效的沟通以及稳定、有效的融资等措施。

第六节　国际组织技能战略对我国的启示

一、追求"三性合一"的技能发展目标

技能战略的核心在于当下以及未来所需技能人才的培养，因此，完满性、可持续

① CLARE M. Ryan.Leadership in collaboration Policy-making:An analysis of agency roles in regulatory Negotiations[J].Policy Sciences,2001(12):221-245.

性、适应性"三性合一"的技能发展目标是首要思考的问题。

第一,技能培训应强调个体能力和发展的完满性。在产业绿色化、数字化和智能化发展背景下,个体的工作样态和生活世界发生复杂的变革,未来职业教育与培训所培养的人,不单单仅是强化其基本专业知识和专业技能,还需要紧贴社会产业发展趋势,强化个人体面劳动以及个体福祉改善所具备的复合技能,从而促进个体发展的完满性。具体包括:以识字、计算为主的适应社会生活的基础性技能;以创造、批判性思维能力为主的横向认知;以自我学习、自我调控能力为主的元认知技能;以责任感、同理心为主的社交、情感技能和满足特定职业需求所需的专业性、技术性知识和技能。

第二,注重个体发展的可持续性。未来的教育和培训系统需要灵活多样,并且适应社会生产的要求,从而让个体做好终身学习的准备。由此,如何促进个体发展的可持续性应成为未来职业教育与培训发展的目标导向。为此,在人才培养过程中,应注重人才工作场所的学习,不断提升其工作业务技能的同时,加强其关于新兴技术支持的学习与实践运用等,从而促使个体逐步养成自主实现职业能力更新和拓展的能力。此外,应积极探索与推进"1＋X"证书制度下学分银行体系的建立,进一步规范学历证书以及职业技能等级证书学习成果的认定、积累、转换过程,打通技能人才的成长通道,实现其可持续发展目标。

第三,注重个体技能培养的适应性。在技能培养实践层面上,我国面临失业率不断攀升的严峻形势,基于此,在职业教育领域应把握产业变革特征,及时调整院校专业设置、加强课程体系建设和教学改革,以增强技能培训的适应性,提升人才培养和人才劳动力市场需求的精准对接。

二、兼顾质量与公平的技能发展理念

技能发展追求效率的同时要兼顾公平。近年来,欧盟、经济合作与发展组织、联合国教科文组织等国际组织在政策制定时都特别强调职业教育和培训要面向所有群体的观念。《中长期教育改革和发展规划纲要》强调要大力发展职业教育,"职业教育要面向人人、面向社会"。2023年政府工作报告中,强调应促进教育公平和教育质量的提升。如何提高技能培训的质量和公平,应不断树立"以人民为中心"极具中国特色理念的职业技能培训理念。在具体实施层面上：一是构建以学习者为中心的职业教育与培训体系，从需求侧出发，引导技能培训供给侧改革更好地贯彻"以人为本"理念，促进人才充分就业。职业教育的有效供给一方面需要面向经济社会发展之需，另一方面则需面向人的全面与个性化发展。基于此，应树立人本主义教育思想，不断了解人才自身发展诉求，通过构建灵活化、人性化和个性化的技能人才培养体系，满足不同层次、不同类型技能人才追求体面工作、幸福生活和自我实现之需，从而彰显教育公平。二是面向全民加强技能培养。特别是技能开发方面，要提供更多面向经济社会地位较低、失业人口、青年人的培训机会，促进他们积极融入社会，保障职业教育社会功能的发挥。三是不断适应学习型社会建设以及个体终身化、个性化、多样化学习需求，加强职业资格融通，破除认证壁垒。长期以来，学历资历分离倾向直接制约我国全体劳动者可持续发展。近年来，我国政府也高度重视建立起完善的包括各种层次和类型技能人才在内的职业资格制度以及与技能人才培养相配套的人才聘用制度，保障人员的合理流动，体现更高水平的公平。

三、以系统观思维设计技能发展体系

随着我国向更高水平的技术成熟和技术创新迈进，未来对复杂技能和新技术技能的需求将越来越大。国家需要制订更好的技能教育和培训计划，提供充足、优质的基础教育、职业教育与培训、高等教育以及终身学习等技能发展机会，提高毕业生和现有人力资源的就业能力，实现技能供求的紧密匹配，从而减少劳动力市场当前和未来的技能短缺。

技能培养与开发包含基础教育、初始培训和终身学习，涉及整个教育体系，逐步实现基于"大职业教育"理念来进行一体化设计。基于此，技能培养体系应形成纵向衔接、横向关联的促进技能建立与延续发展的各级各类一体化教育，以实现教育对技能发展的完整性和延续性要求，共同应对当前技能教育面临的主要问题和挑战。

第一，初等教育阶段加强职业启蒙教育指导，助推早期技能开发。2017 年，国务院印发《国家教育事业发展"十三五"规划》明确指出"在义务教育阶段开展职业启蒙教育"。2019 年 3 月，教育部颁布了《国家职业教育改革实施方案》，要求将职业启蒙教育相关内容纳入中小学教学课程中，并在教学大纲和素质考评中增加职业启蒙教育的部分。由此可见，我国已充分认识到职业启蒙教育以及早期技能开发的重要性。而如何开发相关课程、建立早期技能开发评价体系则成为保障职业启蒙教育质量的关键环节。基于此，应整合各界资源，不断压实学校教育、家庭、社会组织以及地方政府责任，并依据国际标准建立体系化的初等教育阶段学生技能水平测试评价指标体系。

第二，中等教育阶段加强技能教育。中等职业教育直接面向劳动力市场，企业的用人需求仅是决定着中等职业学校的招生和培养方向，但难以决定中等职业教育人才培养的质量，这也使得这一阶段的技能教育存在着严重的质量问题。基于此，加强中等教育阶段的技能教育质量监测。教育部可以赋权于中等职业教育专业教学指导委员会，指导其建立中等职业学校职业资格认定考试，使全国同类专业具有统一的培养规格和毕业标准，以保证中等职业学校人才培养质量。高中阶段，应开设职业开发的相关课程，引导学生树立职业发展意识，更好地促进学生高考后专业选择，减少因过多更换专业造成的资源浪费。另外，整个基础（初等、中等）教育阶段要发展学生识字、识数、阅读、问题解决等基本内容技能和批判性思维、主动学习、学习策略等基本过程技能，为生活、生存和生产技能的发展奠定坚实的基础。

第三，高等教育阶段深化产教融合，促进学生技能发展。提升高等教育质量，提高大学生就业技能，消除机会不平等和人才外流的影响。促进课程、人员、教学与生产、学生角色与员工角色的融合。此外，注重通用工作技能的培养，以使学生在未来更好地适应工作场所中的技术革新和技能变化。

第四，继续教育阶段加强面向新技术产业的技能培训与开发。供求失衡分析劳动力需求的预期变化，这对于开发更有效的职业技术教育和培训系统非常重要。基于此，我国应基于人工智能融合大数据分析技术，前瞻性统筹规划和决策指导，并围绕市场当前或未来的技能需求有效开展加强技能预测体系的建立，加强技能治理。如开发中国技能预测网站，提供各种短期和中期技能需求、技能供给和技能失配等信息，开发技能预测和技能匹配治理机制，确定我国技能需求预测机制的关键要素和模块。

四、加强技能治理,促进技能教育部门协作

技能培养与发展直接影响科学、技术、经济社会发展,相关政策制定方面,理应破除单一线性思维,仅仅从教育领域思考技能发展问题,更应秉持"跨界"思维,立足于国家经济发展、社会产业规划以及教育现代化发展的统合性,加强顶层设计,构建完整的"技能生态系统"。如技能政策的设计、实施与落实,不仅取决于政府部分的有效作为,还会涉及其他利益相关者,如企业行业组织的支持度,职业院校的参与度以及教师、学生、工人等的积极性。为保障技能开发效果,各利益相关方需要有效地沟通、合作与协调,达成一致的观念,但技能开发这一复杂问题也使得技能治理过程中,存在重重困境,如利益相关方出于工具理性的考虑使得具体技能政策实施过程存在一定的矛盾和冲突。如人才培养具有一定的周期性,企业往往出于终身技能培训成本高、见效慢而存在缺乏培训支持热情,参与程度浅显等现象,严重影响了技能开发质量。基于此,如何设计技能治理过程,协调各利益相关方,需要充分发挥政府主导作用,不断加强其"服务型政府"建设,通过多种治理工具,处理技能开发各项事务。

一是促进利益主体有效参与。技能治理组织中各利益主体的有效参与是构建技能生态系统的重要前提。需要强调的是,治理主体不是象征性参与,而是在治理过程中拥有一定话语权,凭借资本、知识、技术、管理等要素深度参与治理。基于此,政府部门只有实现由"掌控"向"协作"角色转变,充分赋予并保障各参与主体相应的权利才能发挥有效政府的作用,充分平衡各方之间的利益关系,激发各治理主体的积极性,提高治理绩效政府。如《"十四五"职业技能培训规划》提出构建"以企业为主体、职业院校为基础、政府推动与社会支持相结合的职业技能培训体系"的目标,政府应发挥主导作用,并通过完善相关政策、法律制度,真正赋予企业、行业等利益相关者相应的权利,使其深度参与技能发展各环节,逐步形成统一的价值理念和目标追求。二是政府部门提升有效领导力,破解以往分割式管理带来的弊端,逐步实现不同政府部门之间技能开发理念与行动的协调一致。如《国家职业教育改革实施方案》(2019)提到的国务院职业教育工作部际联席会议制度将由教育、人力资源社会保障、发展改革、工业和信息化、财政、农业农村、国资、税务、扶贫等单位组成,国务院分管教育工作的副

总理担任召集人,做到各级各类政府参与,形成技能型社会建设的核心组织。三是建立制度,不断完善技能开发治理体系。建立制度是推进组织合作治理的保障。如技能人才培训制度的建立与完善,技能导向使用制度的建立等,均影响技能教育体系建设的有效和有序发展。此外,加强治理思想意识的提升、有效政府、有为学校和有责企业的价值文化的强化、价值道德规范的形成、社会信誉的完善等非正式制度的建立可以有效地弥补正式制度体系所无法覆盖的交易范围中的治理缺失。

五、深化技能教育领域的国际交流与合作

当今世界的教育和发展要求促进不同世界观的对话,对于发现和认识其他世界观,保持更加开放的态度,世界各国可以相互借鉴、相互学习,以期整合源自不同现实的知识体系,全面促进人类和社会的可持续发展。[①]在科技革命、数字经济迅速发展、产业结构快速变革的背景下,构建技能型社会的国际合作发展路径,打造互学互鉴、融通发展对于我国技能开发至为重要。长期以来,我国坚持"引进来"与"走出去"并进,不断加强技能领域国际交流合作,这在一定程度上助力技能中国建设。例如,在"引进来"方面,我国通过引资源、引智力、引项目等方式,通过与国外院校、企业等结对合作与交流,培养大批国际化应用型技能人才。在"走出去"方面,不断助力国际技能合作。如"技能中国行动"中强调统筹利用亚洲合作资金和"一带一路"合作项目资源,开展多边、双边技能合作和对外援助,带动"一带一路"沿线国家完善职业技能培训体系。目前,我国已与70多个国家和国际组织建立了稳定联系,与19个国家和地区合作建成20家"鲁班工坊",在40多个国家和地区合作开设"中文+职业教育"特色项目,培养了大批懂中文、熟悉中华传统文化、当地中资企业急需的本土技术技能人才。[②]此外,技能大赛成为国际合作的重要方式,推动技术文化交流。我国也不断积极参与世界技能大赛并做好参赛和办赛工作。

---

① 联合国教科文组织教育委员会.反思教育:向"全球共同利益"的理念转变[M].联合国教科文组织总部中文科,译.北京:教育科学出版社,2017.

② 教育部 2012—2022 年中国职业教育发展报告 2022 [R/OL]. https//www.scct.cn/__local/3/24/E1/108F852AE5A8700E27C2D638B9A_A1CA1571_54120.pdf

　　未来，我国还需不断扩大技能合作交流"朋友圈"，建立起互学互鉴、共商共享合作机制，努力办好国际职业技能大赛，积极参与中非合作论坛、中国—东盟合作机制，并通过聚焦智能制造、航空航海航等领域构建合作服务框架，打造合作项目。此外，我国应继续加深国际交流合作，助力构建国际技能开发体系。如通过打造"一带一路"职业教育合作升级版，拓宽与"一带一路"沿线国家和地区的国际合作渠道，建立产教协同创新中心，加速科研成果合作与转化，共商共建区域性职业教育资历框架，推进一体化从业标准的建立，促进国际人才交流互动，并着力打造"鲁班工坊"中国名片。

第四章 21 世纪以来英国国家技能战略：发展动因、演进阶段与内容框架

——基于 30 份技能报告白皮书的文本分析①②

英国和中国同为"低技能均衡"国家，劳动生产率均偏低。以 2018 年的制造数据业为例，中国劳动生产率是 28974.93 美元 / 人，仅为美国 19.3%、日本 30.2% 和德国 27.8%。③到 20 世纪末，英国劳动生产率也远低于美国、法国和德国。不同的是，英国更早地认识到技能短缺问题并尝试予以解决。21 世纪以来，英国政府始终将国家技能战略视为应对经济和社会危机的突破口，几乎每隔 1—2 年出台新的技能政策，解决技能发展难题，且在技能治理上取得一定成效。例如，1997—2007 年间，英国生产率增长在 G7 中仅次于美国。④因此，全面系统地了解英国在推动技能体系改革、解决技能短缺问题方面所做的努力，对我国设计合理的技能培训体系、建设技能型社会以及技能中国具有重要意义。

---

① 贾旻,韩阳阳.21 世纪以来英国国家技能战略生发动因、内容框架及启示[J].职教论坛 2024（1）:119-128
② 韩阳阳,贾旻.21 世纪以来英国国家技能战略的演进、特质与经验——基于 30 份技能白皮书及报告文本的质性分析[J].江苏高职教育,2024(2):85-89.
③ 中铸协.我们为什么不是制造强国？制造业生产率不足美国两成！2019[EB/OL].https://mp. weixin.qq.com/s?
__biz=MjM5NjU0ODM0OQ==&mid=2654198364&idx=1&sn=d9e1361f9250064f41ab25738f9e2096& chksm=bd20e1ce8a5768d8dc62acc9ef6bfd6daf72418ccbeee5200ad27c5f3a49c77a693a76f2eba7&scene=27.
④ Britain's productivity problem is long-standing and getting worse.2022[EB/OL].https://www.e-conomistcom/britain/2022/06/09/britains-productivity-problem-is-long-standing-and-get-ting-worse.

第一节　英国技能政策文本选择与研究思路

一、研究样本选择

文本选择是进行研究的关键。21世纪以来，英国颁布了众多与技能发展相关的政策文本，包括一系列法令、措施、办法、条例等。基于此，本书依据以下原则对技能政策进行筛选：一是以2000—2022年作为文件搜集的时间范围；二是选取的技能政策文本均为英国官方部门颁布的正式文件；三是政策文件与技能密切相关，不仅包括以"技能"为核心的围绕技能体系改革所制定的政策，还包括通过改革继续教育与职业教育、发展现代学徒制等推动技能发展的政策；四是政策的表现形式为技能白皮书和报告，直接体现英国对技能发展的规划。基于以上原则，最终选定英国政府及内阁（Cabinet of the United Kingdom）、教育部（Department for Education）、教育与就业部（Department for Education and Employment，2001年改为教育与技能部，Department for Education and Skill，2007年再次分为创新、大学和技能部，Department for Innovation, Universities &Skills）和儿童、学校和家庭部（Department for Children, Schools and Families）、商业、创新和技能部（Department for Business, Innovation & Skills，2009年由创新、大学和技能部改组而来）、英国就业和技能委员会（UK Commission for Employment and Skills）单独或联合颁布的技能白皮书和报告，共30份。需要明确的是，英国很多技能政策本身就命名为"战略"，但本文研究的是一般政策上位层次的战略。

二、研究工具选择

本书主要使用Nvivo12软件作为分析工具。Nvivo是美国QAR International开发的定性和多种混合方法相结合的质性分析软件，应用过程符合质性研究范式，既可以处理文本数据，同时对多个政策文本进行分析、编码，统计多个文本中的关键词词频，同时还可以处理非文本数据。本书主要运用文本数据处理功能,借助质性分析功能,提高资料处理与分析效率,同时确保研究科学规范。

三、研究内容设计

本书采用内容分析法,借助 Nvivo12 分析软件构建分析维度,对 30 份技能政策进行解读分析。首先,基于"限定词性——剔除无关词汇——限定词频计算方式"的原则,运用 Nvivo12 的词频统计功能输出英国技能战略文本主题词出现频次等基本信息,得出高频主题词表并结合英国的政治、经济、社会及教育发展背景,分析英国技能战略的演变历程,揭示英国技能战略的目标转向、主题深化以及手段多元;其次,为进一步分析英国技能战略的特征,运用 Nvivo12 对技能政策文本进行编码,归纳获得三级特征指标以及节点;整合三级指标,获得二级特征指标;再提炼二级指标,最终获得三个一级特征指标——理念基础、实施路径和条件保障(见表 4-1);最后,总结英国技能战略的成效与经验。

表 4-1　21 世纪以来英国国家技能战略的特征指标

一级特征指标	二级特征指标	三级特征指标
理念基础	社会协作理念(152)	利益相关者的社会合作理念(64)
		"一站式"技能服务理念(94)
实施路径	技能供给侧改革(221)	技能供给模式(64)
		技能供给主体(83)
		技能供给形态(74)
条件保障	多维度保障(191)	制度保障(64)
		机制保障(54)
		经费支持(62)

第二节　英国国家技能战略的发展动因

一、技能发展的多重难题成为焦点事件

21世纪以来,英国历届执政党尤为关注技能问题,制定和实施技能战略成为解决英国技能发展难题的必然选择。

(一)英国长期面临的技能短缺问题引起政府高度重视

21世纪以来,技能短缺始终是制约英国经济增长的一个重要因素,也是造成英国经济从"极盛时代"转向停滞期甚至衰退的一个重要因素。

第一,英国国家技能基础薄弱,公民技能基础薄弱在一定程度上造成了劳动生产率低,同时也影响着英国的产业结构调整。在英国,许多成年人缺乏基本的识字、语言和计算能力,680万成人严重缺乏数字算术能力,500万成人没有读写能力,同时有1/3以上的成人未能获得基本教育证书或类似证书,缺乏可持续就业所需的技能和资格。

第二,21世纪以来, 英国在较高技能水平上存在缺口, 高技能水平人才供不应求。经济的发展产生了许多有高技能要求的工作岗位,但是英国现有人才的技能水平与劳动力市场的需求不相匹配。劳动力市场分析报告指出,"从2014—2024年,英国劳动者市场对高技能人才的需求将增长10%以上"。[①]但英国的雇主调查报告显示,英国在高技能水平上存在较大缺口。《2017年雇主技能调查》显示,英国在STEM领域的技能人才长期处于短缺状况,五分之一的英国雇主(20%)存在高级技能人才短缺,存

---

① UK Labour Market Projections:2014 to 2024.(2016-4-6)[EB/OL].http://www.gov.uk/government/publications/uk-labour-mar?ket-projections-2014-to-2024.

在技能短缺的企业(雇主)总数略超 100 万,相比 2015 年增加了 9%。[①]虽然,雇主对高等技术教育和现代学徒制培养出来的技能人才需求与日俱增,但在英国只有 4% 的年轻人取得了高等技术教育水平的资格。[②]

第三,从全国范围来看,英国技能短缺分布不均。一是不同地区的技能短缺程度存在明显差异。根据英国雇主调查报告,英国伦敦地区和东南部技能短缺问题最为严重,北部的技能短缺问题处于较低水平,存在明显的"南北差距",主要是因为南北经济发展水平的差距造成的各地区对技能总体需求水平不同。二是不同产业部门的技能短缺问题存在差异。建筑、制造业和初级产业部门及公共事业技能短缺的数量和密度较大,公共管理和金融服务的技能短缺数量和密度相对较少。[③]三是不同规模企业的技能短缺问题中存在差异。总体而言,小型企业的技能短缺密度高于大型企业。在雇员少于五名的企业中,超过 34% 的技能短缺难以填补,相比之下,在拥有 100 名或以上员工的企业中,存在技能短缺的为 20%。[①]

(二)存在多年的"低技能均衡"困境制约着英国经济发展

长久以来,"低技能均衡"问题始终制约英国经济发展,一定程度上造成英国国际影响力的衰退。

21 世纪以来,英国一直尝试摆脱经济陷入低附加值、低技能和低工资的"低技能均衡"恶性循环,创建"可持续的高技能生态系统",发展高技能经济,实现良性循环。英国财政部提出,英国可以摆脱低技能均衡,因为政府支持更多的技能创造,鼓励仅仅依靠成本竞争的行业部门采用高附加值、高技能的战略并摆脱对低技能劳动力的

---

① Department of Education .Employe r Skills Survey 2017 .(2018-8-16)[EB/OL]https://assets. publishing . service . gov . uk / g overnment/ uploads/system/uploads/attachment_da_UK_Report_Controlled_v06.00.pdf

② Report of the Independent Panel on Technical Education.(2016-4)[R/OL].https://assets.publishing.service.gov.uk/government/uploads/system/uploads/attachment_data/file/536046/ Report_of_the_Independent_Panel_on_Technical_Education.pdf.

③ Department of Education.Employer Skills Survey 2019 Research Report.(2020-10)[R/OL]https://www.gov.uk/government/collections/employer-skills-survey-2019.

依赖(HM.Treasury,2002)。①以往整个英国的政策总方向注意力和资源集中在技能供给侧改革上,但低技能均衡的关键是缺乏技能需求,实现高技能均衡的关键在于采取更广泛的举措。为此,21世纪以来,英国希望通过致力于制定和实施更综合性的技能战略,确保英国拥有实现"高技能生态系统"所需的许多要素,包括加大公共部门对技能的投资支出、支持各地区的风险投资、鼓励企业家创业(通过扩大创业技能的供应)等。

二、政策共同体提供不同的意见和主张

21世纪以来,面对技能短缺问题,英国政府以及社会各界广泛关注,政府部门、(雇主)行业组织以及专家学者等利益相关者组成的政策共同体,围绕英国面临的技能发展难题,基于自身利益提出种种政策建议和方案,为技能战略生成提供政策原汤,形成了政策源流。

(一)英国历届政府的政策探索和自觉行动

第一,英国政府在20世纪制定的职业教育与培训政策成为21世纪技能战略生成的强大推力。早在20世纪,英国政府开始关注技能政策。一方面,政府通过凯恩斯主义的"干预"武器以解决技能和失业问题,挽救英国日渐衰退的经济。设立人力服务委员会(MSC,1988年之前一直是英国技能政策的主要机构),与培训机构签订合同,强化政府和产业部门的合作,实现企业、地方政府和教育部门的三方合作,使得所有相关力量都可以参与培训政策制定过程。另一方面,在职业教育和培训方面推行市场政策。撒切尔政府认为依靠技能供给不能解决技能短缺问题,要依据市场需求确定技能供给的规模和类型,强调了企业对解决技能问题的重要性,并将技能培训责任让渡给市场,依靠市场机制发展技能培训。同时,政府还将技能培训的权力和责任更多交给地方。这些政策经验点燃了21世纪英国技能战略生成的"火花"。

第二,21世纪英国不同执政党的积极探索和自觉行动。21世纪以来,英国历届政

---

① 韩阳阳.21世纪以来英国国家技能战略研究[D]太原:山西大学,2023.

府不遗余力地制定技能政策以推动技能人才培养,缓解国内技能短缺问题。2003年,新工党颁布《21世纪的技能——实现我们的潜能》,为国家技能战略生成奠定了基础,将"技能"视为促进经济发展和建设公平、包容性社会的重要工具。为推动《21世纪的技能——实现我们的潜能》中提出的各项目标与改革措施的落实,2003—2006年间,布莱尔政府又发布了《14—19岁教育与技能》《技能:在企业中进步,在工作中提高》和《继续教育:提升技能,改善生活机会》,这些技能政策互相协调补充,构成了21世纪初英国国家技能战略的框架雏形。随后布朗政府相继颁布《世界一流技能:英国实施里奇技能报告》(2007)和《为了增长的技能:国家技能战略》(2009),关注提升更高水平技能,提出要发展世界一流技能。基于布朗政府提出的发展世界一流技能的目标,卡梅伦领导的联合政府制定了《可持续增长技能战略》,提出推动建设世界一流的技能体系,并进一步提出了具体的发展措施。特蕾莎·梅政府基于前期政策,将技能政策重心转向发展高质量的技术教育体系,进一步深化了英国的技能战略。总体来看,英国技能战略的生成与发展受到了20世纪一系列技能政策的影响,同时21世纪,在两党轮流执政期,一系列有关的技能政策文件陆续出台,新旧政策之间互有联系和继承,反映了技能短缺问题引起政策制定者的重视,同时也为将技能上升为国家战略行动提供了政策基础。

(二)英国雇主的科学调查与深入参与

技能短缺问题影响着雇主(企业)利益,英国雇主(企业)采取以下行动:

第一,开展雇主调查研究,为英国政府提供劳动力市场数据和技能需求情报,使英国政府深入了解雇主面临的技能问题,通过独特的技能视角,推动政府为满足雇主的技能需求而采取相应行动。英国每2年开展一次全国性的雇主技能需求调查,相比较而言,其他国家没有开展类似规模的商业调查。

第二,在技能治理中担负重要角色。例如,由雇主主导的技能组织——行业技能委员会,与雇主合作界定各行业的技能需求和技能标准,参与开发现代学徒制的标准,表达自身利益诉求,广泛参与技能治理,增强自身在技能战略发展过程中的发言权。雇主(企业)的相关行动催生了政策源流。

(三)英国专家学者的咨询和评估报告

学者的专业性知识和观点的在技能战略的生成中发挥了重要作用,是技能战略生成与发展的重要推动力。

第一,与政府工作人员共同组建研究小组,对英国的技能状况进行调查,发布相关政策咨询报告。2001 年,英国教育与技能部专门成立研究小组,开始调查英国技能短缺问题,2 年后,发布《国家技能战略开发和实施计划:进展报告》,指出"技能是实现经济可持续发展的重要因素,英国应当对技能培训体系进行改革,提高技能培训的质量,满足雇主和个体学习者的技能需求"。①2015 年,英国企业、创新与技能部专门成立技术教育独立小组,对英国的技能体系进行调查,并于 2016 年向政府提交《技术教育独立小组报告》,指出,"英国的技能体系仍然存在一些严重问题,不能向公民提供高质量的技能,因此,必须改革英国技术教育体系,提高技术教育质量,为个体提供能够满足自身以及雇主需求的技能和知识"。②

第二,接受政府委托,对英国技能发展状况、技能教育和培训体系(包括现代学徒制)等进行评估,向政府提交相关评估报告并提出建议。2004 年,英国政府委托 Lord Leitch 对英国的技能发展情况进行评估,2006 年 Lord Leitch 发布《全球经济中为了所有人的繁荣——世界一流技能》咨询报告,论述了技能对英国社会经济发展的重要性并建议对英国技能教育和培训体系进行改革,明确技能教育和培训目标,推动英国技能发展。③2012 年,英国政府委托 Doug Richard 对英国学徒制进行评估审查,并于同年发布《理查德报告》。报告肯定了现代学徒制对于技能培养的重要作用,提出要对现代学徒制进行改革,并且提出一系列发展建议。④专家学者从更专业的角度就技能发展、技能教育和培训体系等面临的问题进行研究和调查,提出一系列推动技能发展和

---

① Department of Education and Skills. Developing a National Skills Strategy and Delivery Plan: Progress Report[R/OL].https://www.voced.edu.au/content/ngv%3A31262.

② The Independent Panel on Technical Education.Report of the Independent Panel on Technical Education [EB/OL].https://assets.publishing.service.gov.uk/government/uploads/system/uploads/attachment_data/file/536046/Report_of_the_Independent_Panel_on_Technical_Education.pdf.

③ Leitch Review of Skills Final Report.Prosperity for all in the Global Economy−World Class Skills [EB/OL].https://assets.publis hing.service.gov.uk/government /uploads/system/uploads/attachment_data/file/354161/Prosperity_for_all_in_the_global_economy_−_summary.pdf.

④ DougRechard.The Rechard Review of Apprenticeship[EB/OL].https://assets.publishing.service.gov.uk/government/uploads/system/uploads/attachment_data/file/34708/richard−review−full.pdf.

改革技能教育与培训体系的政策咨询报告和建议，为英国技能战略的生成和发展提供了重要方案。

三、政党和民众对技能教育的追求与诉求

21 世纪以来，英国经历了两党轮流执政的历程，每一次政党更替均会带来新一轮的技能改革，也势必对技能战略产生直接影响。政府的改革意志、民众对技能教育的诉求构成了英国技能战略政治源流的主要成分。

（一）执政党对技能教育公平与效率最大化的追求

21 世纪以来，英国历届政党都强调寻求公平和效率的平衡。

英国政府希望通过为每个人提供工作和教育机会来推进社会平等，主张教育与培训是实现社会公平的最有效的手段，是机会再分配的重要基础。基于此，为确保技能学习机会和就业机会的平等享有，英国政府加强技能教育与培训改革，由政府为所有群体提供高质量的技能教育与培训机会，保障技能学习机会的可获得性，促进个体技能习得（包括就业所需的基本技能），弥补其技能缺陷，增加个体就业机会。例如，为确保人人享有平等的培训和技能学习机会，英国提出"由英国政府和学习与技能委员会等其他合作伙伴合作实施成年人及社区学习计划"，促进技能学习机会在所有权利主体中的普及。[①]此外，在英国，每一个个体都有权利享受由政府提供的技能培训课程、职业生涯咨询以及就业支持等服务，平等享有各类技能培训资源。

在追求技能教育公平的同时，政府强化市场机制，以实现公共服务效率的最大化来缓解经济和就业压力。英国围绕"技能"作为公共物品存在的溢出效应，加强技能教育与劳动力市场之间的联系，在技能教育与培训方面推行市场政策，利用市场机制带来充分的技能投资，根据市场需求确定技能供给的规模和类型，按照每个产业的技能需求打造技能培训体系。同时促使政府将技能培训的责任让渡给市场（企业）。企业作为市场需求载体，对解决技能短缺问题起着非常重要的作用，英国政府允许市场充分

---

① Department for Education and Skills. 21st Century Skills: Realising Our Potential: Individuals, Employers, Nation[R].2003:71.

参与,提高技能供给效率,同时利用市场竞争机制鼓励企业创新,提供高质量的技能教育与培训,进而满足个体、企业以及未来就业市场的技能需求。

(二)民众对获得终身发展所需技能的强烈诉求

教育事关全体国民,国民对技能教育和培训体系的高度期待、民众对技能教育的诉求对政策结果具有重要的影响。

21世纪以来,英国改变了"从摇篮到坟墓"的社会福利制度,减少公共福利支出,废除失业补助计划,提出建立社会投资型的福利制度,这种福利制度注重加强对人力资本的投资,旨在减弱公民对政府的依赖,强调让每个人对自己负责,每个公民在享受国家福利的同时,也要通过积极工作回报社会,通过自己的劳动付出改善自身的生活水平。基于此,为避免失业以及获得更好的就业机会,促进自身的可持续就业和发展,英国民众对终身学习的需求日益增加,公众强烈要求在技能与终身学习之间建立连接,构建服务全生命历程的技能教育与培训体系,使每个人通过终身学习获得适应经济社会发展需要的技能。

随着就业性质和结构发生了显著变化,英国民众对高级技能的需求也不断增长。《我们竞争的未来:建设知识经济》(1998)白皮书强调,"在当今世界经济日益全球化的新形势下,英国必须具备其竞争对手无法匹敌或模仿的能力,即知识、技能和创造力等"。[①]例如,工业4.0时代,数字技术的产生和发展对经济社会的发展产生了深远影响,同时也推动了教育领域的深刻变化。在数字化转型升级时代,未来工作对技能、资格的需求也发生了变化,要求劳动者必须大力发展数字技能和专业知识,提升自身的综合能力。随着互联网的运用以及区块链、虚拟现实、人工智能等新科技的出现,英国民众迫切需要提升自身的数字技能,以满足未来的工作需求。显而易见,民众期望通过技能战略来达到提高技能教育质量、满足自身技能需求的目的。改革技能体系,制定相应技能战略迫在眉睫。

---

① 易红郡."第三条道路"与当前英国教育改革[J].外国教育研究,2003(4):1-5.

四、顺应国际职业教育改革趋势的必然选择

21世纪以来,国际技能改革潮流为英国技能战略之窗的开启提供绝佳机遇。

世界性国际组织密集地发布技能相关报告,强调技能发展的重要性,推动职业教育和培训改革,引导各国制定国家技能战略。2002年,联合国教科文组织发布《二十一世纪的技术和职业教育及培训:教科文组织和劳工组织的建议》报告,指出"技术和职业教育与培训应当适应每个特定国家的需要和世界范围的技术发展,应通过创造一种学习文化,使个体拓展其知识范围,获得并不断提高专业技能和知识,积极参与社会活动,利用经济和技术变革的成果来造福大众"。[1]2008年,国家劳工组织制定《G20培训战略》,阐释了技能开发战略的必要性以及技能开发战略的框架,支持国家技能发展战略。自2010年以来,国际劳工组织制订了STED(Science, Technology, Engineering, Design)计划,与贸易部门的国家和部门利益相关者合作,协助利益相关者和其他发展伙伴实施技能发展战略。2011年,世界银行发布的《提升技能:实现更多就业机会和更高生产力》制定了一个面向就业和生产力的研究技能发展的指导框架,帮助各国了解技能需求以及面临的技能挑战。为了解决全球性的技能短缺问题,2012年,经济合作与发展组织(OECD)发布《更好的技能、更好的工作、更好的生活:技能政策战略规划》,提供了一个综合性的技能战略框架,旨在帮助各个成员国明确其现有国家技能体系的优势和劣势,为不同国家量身定制技能战略项目,为其成员国的技能教育改革和发展指明了方向。[2]

以美国、澳大利亚、德国为代表的发达国家以及许多发展中国家纷纷制定技能战略。德国政府于2000年推出一套以《21世纪的创新和工作位置行动纲领》为标题的

---

① United Nations Educational,Scientific and Cultural Organization.Technical and Vocational Education and Training for the Twenty-first Century:UNESCO recommendations.2003〔EB/OL〕.https://unesdoc.unesco.org/ark:/48223/pf0000126050.

② OECD.Better Skills,Better Jobs,Better Lives:A Strategic Approach to Skills Policies.(2012-5-21)〔EB/OL〕.https://www.researchgate.net/publication/333160287.

应急计划,制定了一系列消除 IT 领域技能人才短缺的积极措施;[①]2019 年,德国发布《国家继续教育战略》以推动技能培训体系改革,旨在调整职业教育以培养未来技能。2010 年,澳大利亚颁布《澳大利亚未来劳动力:国家劳动力开发战略》,强调通过提升劳动力技能水平,破解澳大利亚的技能短缺问题。2012 年,美国教育部发布《投资美国的未来:生涯和技术改革蓝图》,提出技能是增强美国经济竞争力的关键因素,要加强技能投资。2008 年,印度颁布了首个针对技能发展问题的官方政策《国家技能培养政策》,旨在结合印度的"人口红利",制定国家技能战略以解决技能短缺问题,促进印度经济的包容性增长。

第三节　英国国家技能战略的演进阶段

以技能战略使命为轴线,以执政党更迭、重要政策出台作为关键节点的确定依据,将英国技能战略划分为"提升国家整体基础技能""建立世界一流技能体系"以及"构建优质技术教育体系"三个发展阶段(如表 4-2 所示),从历史之维把握技能战略目标逐步推进、主题不断深化、手段不断丰富的理性变迁。

表 4-2　21 世纪以来英国国家技能战略的发展阶段及其内容

	提升国家整体基础技能阶段(2000—2009 年)	建立世界一流技能体系阶段(2010—2015 年)	构建优质技术教育体系阶段(2016 年—)
文本数量	12	8	10
战略目标	提升国家整体基础技能,促进经济发展和实现社会公平	建立世界一流的技能体系,实现经济的可持续复苏	建立一个优质而稳定的技术教育体系,摆脱"低技能均衡"困境
战略主题	增加技能获取机会、提升全民基础技能、满足雇主技能需求	追求更高水平技能、重视技能教育与培训的质量、以雇主和学习者的需求为导向	优化技术教育路径、完善技术教育资格和认证体系

---

① 张爱邦,兰文巧.企业参与:德国高技能人才培养的经验及其启示[J].商场现代化,2008(3):271-272.

续表

	提升国家整体基础技能阶段（2000—2009 年）	建立世界一流技能体系阶段（2010—2015 年）	构建优质技术教育体系阶段（2016 年—）
战略手段	发展高级学徒制、建立以雇主需求导向的教育与培训体系、加强创新	依托继续教育获得技能培训、发展高等学徒制和学位学徒制、加强雇主和大学的合作	将雇主置于技术教育的核心、构建层级完整的学徒制体系、推出 T-Level 课程

一、提升国家整体基础技能阶段（2000—2009 年）

20 世纪 90 年代末，布莱尔领导的新工党针对英国国家整体技能薄弱情况，提出开展"技能革命"，并以"技能"为核心发布一系列技能政策（见表 4-3），相关政策文本关键词的词频搜索结果如表 4-4 所示。虽然不同技能政策文本中相关文字表述略有差异，技能目标总体上是提升国家整体基础技能，促进经济发展和实现社会公平。

此阶段英国技能战略的改革重点是将技能发展与提高劳动生产力以及实现社会成员机会均等，特别是就业机会均等融为一体，力图通过提升公民的整体技能基础水平，为英国经济发展和社会公平提供驱动力。具体地讲：第一，为个体获取技能提供支持。为每个年轻人提供工作和生活所需的技能，确保其具备良好的基础技能，可以充分发挥才能，积极融入社会；针对没有任何良好就业技能基础的成年人，提供技能培训，帮助他们获得信息和通信技术、掌握和运用英语和数学等实用技能，缩小技能丰富与薄弱群体间的差距。第二，优先提升个体就业必须掌握的基础技能，即读写能力、算术和信息技术的应用能力、管理和领导能力等基本技能，使所有人都能掌握工作和生活所需技能，增加外部市场劳动力供给，缓解英国国内的技能短缺问题，同时促进生产力提高，实现英国经济繁荣。第三，为雇主提供技能，确保雇主当前和未来的技能需求以及从基础技能到高级技能所有层次的需求得到满足。以雇主需求为导向，提升现有劳动力的技能水平，预见并迅速满足雇主不断变化的技能需求，弥补教育与培训体系所传授的技能与企业需求的技能之间的鸿沟，缓解技能错配造成的内部技能短缺以及劳动者频繁的工作流动,在增加个体就业的稳定性的同时为企业带来效益。

此阶段英国技能战略手段主要包括：第一,加强技能开发,发展高级学徒制(3级),确保所有年轻人获得工作和生活所需技能。英国将高级学徒制视为提升国家技能基础的一个关键路径,提供高质量的学徒培训项目,传授具有经济价值的技能,帮助他们获得完整的代表就业基本技能的2级资格认证,增加被雇用的机会,享受更多工作福利,缓解就业问题。第二,建立需求导向的技能教育和培训体系。将雇主的技能需求置于技能培训体系的核心,以雇主期望的方式提供所需技能培训,开发各类职业培训项目,鼓励雇主对其低技能水平的员工进行培训,如通过"生活技能项目"解决成年人基本技能差的问题,从整体上提高英国劳动力的技能水平,从而提高生产力和经济力。第三,以创新为突破口。技能发展与创新在提高生产力方面具有关联性,英国政府希望通过鼓励投资创新以改善技能基础, 并在各地区域内建立一流的大学创新中心和新技术研究所,促进研发、创新和技术转让,为各地区提供信息通信技术方面的技能。通过加强企业创新,培养所需的技能人才,缩小技能缺口,实现技能战略的目标。

表4-3 英国技能战略目标分析表(部分)(2001—2009年)

年份	文件名称	目标表述
2001	《变革世界中的全民机会：创业、技能和创新》	通过确保国家技能基础的改善,使个人、企业和社区具备迎接变革挑战的能力,确保未来10年经济的成功
2003	《21世纪的技能：实现英国的潜能》	提高所有群体的基础技能水平,缩小技能贫富间的差距,从而建设一个更公平、更包容的社会
2005	《14—19岁教育与技能》	我们旨在改革中等和中等后教育,确保每个年轻人都有良好的英语和数学基础以及就业所需的技能,实现社会公正和经济繁荣两大目标
2007	《世界一流技能：英国实施里奇技能》	在英国引入"技能革命",缩小全国各级的技能差距,同时英国必须致力于建立一个世界一流的技能基础,实现经济繁荣和社会公平
2009	《新机会——实现未来的公平机会》	要加强技能开发,提高整体技能水平,建立一个更繁荣的经济、更公平的社会
	《为了增长的技能：国家技能战略》	英国必须继续致力于建立世界一流的技能基础,促进英国经济的繁荣,使英国社会变得更包容

注:表格中仅列出了本阶段的纲领性文件,其余政策样本是围绕战略目标制定的建设性文件。

资料来源:Great Britain. Department of Trade and Industry and the Department for Education and Employment. Opportunity for All in a World of Change: Enterprise, Skills and Innovation [R]. 2001:1. /Great Britain. Department for Education and Skill. 21st Century Skills: Realising Our Potential: Individuals, Employers, Nation [R]. 2003:11,17./Great Britain. Department for Education and Skills. 14-19 Education and Skills [R]. 2005: 12./ Great Britain. Department for Innovation, Universities and Skills. World Class Skills: Implementing the Leitch Review of Skills in England [R]. 2007:66./HM Government. New Opportunities Fair Chances for the Future [R]. 2009:4./Great Britain. Department for Business, Innovation and Skills. Skills for Growth: The National Skills Strategy[R]. 2009:20.

表4-4　词频搜索词(2000—2009年)

关键词及其词频			
技能(6469)	培训(2766)	教育(1415)	需求(1404)
就业(1111)	成人(1010)	雇主(916)	学徒制(945)
劳动力(776)	基础(749)	体系(676)	个体(659)
社会(401)	生产力(363)	创新(260)	识字(260)
计算(252)	潜能(241)	领导(225)	数学(198)
英语(196)	信息和通信技术(157)	学徒工(156)	语言(126)

二、建立世界一流技能体系阶段(2010—2015年)

受2008年金融危机的持续影响,英国仍需加快经济复苏并走出技能衰退。2010年组建的联合政府颁布了一系列技能政策文件(如表4-5所示),提出对国家技能体系进行改革,技能培养被提升至前所未有的战略高度。此阶段相关技能政策文本关键词的词频搜索结果如表 4-6 所示。联合政府强调不仅要建立世界一流的基础技能,还要提供更多的技能培训,培养具有全球竞争性的更高水平技能,通过技能革新弥补所有水平上的技能差距,促进英国经济复苏和可持续发展。

为了实现建设世界一流技能体系的目标,英国更加重视技能改革。第一,注重多层次技能人才培养。为培养更多高技能人才,促进英国经济复苏,通过继续教育学院和培训机构为个体提供从基本技能(英语与数学资格技能培训)到更高层次的技能(高度专业化的技术技能)培养,重点培养国家资格框架中 4—6 级的高层次技能人才,如经理、专业人员和助理专业人员等,并且确保他们的技能在工作中得到充分利用。第二,重视技能教育和培训的水平与质量。为保证英国公民获得具有国际竞争力的各项技能,技能战略强调政府部门有责任保障质量,认可并重视雇主在工作场所提供的高质量培训,同时要求为所有培训机构创造激励机制,行业也有责任提供更优异、高质量的技能教育和培训服务。第三,将学习者与雇主置于世界一流技能体系的核心,遵循需求导向原则,增强技能响应性,促使教育和培训提供者能灵活地提供学习者和雇主真正想要的东西,丰富技能培训的方式和地点的机会选择,确保技能教育与培训取得最大化成效。

此阶段英国技能战略手段主要包括:第一,以继续教育为依托,确保劳动者获得高质量的技能教育与培训。继续教育机构为主要实施主体,确保学习者获得从学校成功过渡到就业所需技能。同时,加强技能投资,推出新的继续教育贷款,为 24 岁及以上的学习者提供获得中级和高级技能所需资金。第二,发展高层次学徒培训,帮助个人获得更高水平的资格以高效地填补更高级别的技能缺口。[1]同时,明确提出学徒制标准(所有学徒在完成学徒生涯前,必须达到英语和数学 2 级水平)、设定了学徒期的最短期限等,进一步确保学徒制质量。第三,加强雇主(技能需求侧)和大学(技能供给

---

[1] HM Government.English Apprenticeships:Our 2020 Vision.2015 [EB/OL].https://dera.ioe.ac.uk/id/eprint/24860/1/BIS-15-604-english-apprenticeships-our-2020-vision.pdf.

侧)之间的合作,平衡技能供需。雇主和大学的合作是提供高技能人才、满足当前和未来企业需求的重要保障,是培养相关高级技能的宝贵工具。加强雇主和大学合作的多样性和深度,增加雇主发言权,让雇主在技能培训方面掌握更多主导权,使其成为技能议程的积极推动者,开发有价值的高水平技能,带动社会生产力的提升。

表 4-5　英国技能战略目标分析表(部分)(2010—2015 年)

年份	文件名称	目标表述
2010	《可持续增长技能战略》	本届政府的目标是让经济恢复可持续增长,扩大社会包容度和社会流动性,因此我们必须建设一个自上而下的世界一流的技能体系,以提供可持续增长的技能以及始终如一的竞争优势
2011	《新挑战、新机会:继续教育和技能体系改革计划——建设世界一流技能体系》	推动英国 19 岁及以上成年人继续教育和技能体系改革,赋予学习者从基本技能到更高层次的技能,建立一个高度灵活的世界一流技能体系,推动个人成就和经济绩效的提升
2013	《增强技能的严格性和响应性》	将严格性和响应性作为技能体系的核心,创建世界一流的技能提供者网络,以确保为英国公民提供能够与世界上任何一个国家的公民竞争的技能
2014	《打造未来:通过大学和雇主合作培养更高水平的技能》	鼓励进一步发展通往更高水平(世界一流)技能的途径,加强英国劳动力技能,确保未来经济的稳定繁荣

注:表格中仅列出了本阶段的纲领性文件,其余政策样本是围绕战略目标制定的建设性文件。

资料来源:Department of Business, Innovation and Skills. Skills for Sustainable Growth: Strategy Document[R]. 2010:6./Department for Business, Innovation and Skills. New Challenges, New Chances: Further Education and Skills System Reform Plan—Building a World Class Skills System [R]. 2011:3. /Department for Education, Department of Business, Innovation and Skills. Rigour and Responsiveness in

Skills[R]. 2013：10./UK Commission for Employment and Skills. Forging Futures：Building Higher Level Skills Through University and Employer Collaboration[R]. 2014：7.

表 4-6　词频搜索词（2010—2015 年）

关键词及其词频			
技能(1387)	雇主(839)	培训(737)	需求(578)
改革(561)	继续教育(504)	水平(453)	大学(445)
学徒制(398)	体系(389)	更高的(346)	学习者(340)
合作(309)	质量(287)	增长(243)	标准(222)
可持续(140)	所有权(112)	提高(173)	英语(73)
数学(63)	识字(56)	计算(52)	基础的(43)

三、构建优质的技术教育体系阶段（2016 年—）

2010 年以来在联合政府推动下,英国经济呈现持续向好的趋势,国家技能体系改革也取得一些进展,但是劳动生产率增长缓慢、产业升级迟缓、技能短缺、脱欧挑战等一系列问题仍旧制约着英国经济的稳定增长。在此背景下,特蕾莎·梅政府以及约翰逊领导的保守党政府,以重建技术教育为突破口,提出构建一个优质而稳定的技术教育体系的战略目标（如表 4-7 所示）,此阶段相关技能政策文本关键词的词频搜索结果如表 4-8 所示。保守党政府重视高技能人才对国家发展的重要性,提出通过发展技术教育、培养更多的技能娴熟人才来摆脱英国经济发展困境,消解技能危机。

该阶段技术教育成为提供高水平技能的核心选择, 英国技能战略主题侧重于以下两个方面:第一,提供清晰的高质量技术教育路径。一个优质的技术教育体系应当为学生提供明确的技术教育路径以获得雇主所需的高层次技能, 同时确保所有人在人生的任何阶段,都有一条灵活的高质量技术教育路径可供选择。^①例如,推出涵盖全部技术教育领域且可延伸至最高技能水平的 15 条技术教育路径,专注于发展较高层次的技能并且每条路径都设立国家认可的证书,以满足英国对技能有较高要求的行业的实际技能需求,同时为学习者提供继续学习与接受技术知识和技能培训的机会,确保其具备就业或继续升学所需的知识和技能。第二,完善受到雇主信赖且相对稳定的技术教育资格与认证体系。英国现行技术资格等级多样、资格证书类型繁杂,一方面导致学习者抉择困难,另一方面导致雇主对资格证书权威性的质疑。^②因此,需要改革技术教育资格与认证体系,弥合技术教育与学术教育之间的差异,开发符合学习者和雇主需求的技术教育资格证书,建立与雇主主导的标准相联系的技术教育资格认证制度,投资于更高层次的技术资格并确保其质量,让雇主和申请人对其价值充满信心。同时规范资格评估与审批,只有符合雇主设定标准的高质量技术资格才能获得批准,保留符合国家标准的 4 级和 5 级技术资格证书,对于以大学为基础的 2 级和 3 级技术教育,大幅简化资格体系,每个职业或职业群只批准一项技术资格。

为重构技术教育体系,此阶段的战略举措更具针对性。第一,将雇主置于技术教育的核心,即技术教育体系"驾驶席"的位置。雇主可以规定技能型就业所需的技能、知识和行为准则;可以与继续教育学院、其他技能培训提供者和当地利益相关者合作,制订当地的技能改进计划,提供满足当地劳动力市场需求的技术技能;雇主在设计和发展资格和培训方面发挥核心作用,参与制定国家标准体系,定义技术课程、资格证书和学徒制的内容等。第二,构建层次完整的学徒制体系,提供多级学徒制技能培训。技术教育路径有两条——以学院为基础和以就业为基础,基于就业的路径是通过学徒制提供的,因此,要加强学徒制改革,提升学徒制的质量和层次,构建"中级学徒——高级学徒——高等学徒"的新学徒制等级。成立了由雇主领导的学徒制和技术

① Department for Education.Skills for Jobs Lifelong Learning for Opportunity and Growth.(2021-1-21)〔EB/OL〕.https://www.gov.uk/government/publications/skills-for-jobs-lifelong-learning-for-opportunity-and-growth.uk/government/publications/skills-for-jobs-lifelong-learning-for-opportunity-and-growth.

② 张瑶瑶,许明.英国《16 岁后技术教育改革——T 级行动计划》述评[J].职业技术教育,2018(21):71-76.

教育学院机构,重点发展高层次学徒制,培养 4—6 层次的高技能人才,同时为 2—3 层次水平的学徒提供广泛地进入高等教育学习的机会,打通学徒制上升通道。第三,以 T-Level 课程引领英国技术教育改革。2017 年英国政府试点推出 T-Level 课程,这是对英国技术教育进行彻底改革的重要一环,为更多人提供了获得高质量技能培训的机会。T-Level 课程在内容上主要包括:技术资格培养,为期 45—60 天的工作实习,英语、数学以及数据处理技术学习,可持续发展的就业力培养,特定职业的技能学习。①课程为年轻人提供所需的知识、技能和行为培训,确保能在特定职业领域获得就业机会或继续学习更高层次的技术课程。

表 4-7　英国技能战略目标分析表(部分)(2016 年—)

年份	文件名称	目标表述
2016	《16 岁后技能计划》	建立一个与学术教育系统齐名的、世界一流的、稳定有效的技术教育体系,为 16 岁以后的年轻人提供高质量的技术选择
2017	《产业战略:建设适应未来的英国》	建立一个与世界一流高等教育体系并驾齐驱的技术教育体系,解决科学、技术、工程和数学(STEM)技能短缺问题,支持人们重新掌握技能
2018	《2018 T 水平行动计划》	推进技术教育的转型,建立高质量的、世界一流的技术教育体系,帮助年轻人获得更高的技能
2020	《改革高等技术教育》	为了建立一个更公平、更繁荣、生产力更高的国家,我们需要扭转高等技术教育的代际衰落,建立一个与雇主主导的标准相联系的、高质量的技术教育体系,为学习者和雇主提供成功所需的技能
2021	《就业技能:加强终身学习获得机会、实现发展》	改变以往对技术教育的低估,并加强其作为通往光明未来之路的关键作用,帮助人们获得雇主想要的高质量的技能

---

① Department for Education. Implementation of T-Level Programmes—Government Consultation [EB/OL].https://dera.ioe.ac.uk/id/eprint/31706/1/CBP-7951._Redacted.pdf.

注:表格中仅列出了本阶段的纲领性文件,其余是围绕战略目标制定的建设性文件。

资料来源:Department for Business, Innovation and Skills, Department for Education. Post-16 Skills Plan［R］. 2016:7./Department for Education. Post-16 Technical Education Reforms T level Action plan［R］. 2017:5./HM Government. Industrial Strategy:Building a Britain Fit for the Future［R］. 2017:11./Department for Education. T Level Action Plan 2018［R］. 2018:7./Department for Education. Reforming Higher Technical Education［R］. 2020:3./Department for Education. Skills for Jobs Lifelong Learning for Opportunity and Growth［R］. 2021:3,4.

表 4-8　词频搜索词(2016 年—)

关键词及其词频			
教育(1399)	水平(1302)	技术(1129)	技能(1086)
雇主(944)	提供者(915)	资格(735)	更高的(658)
生涯(509)	质量(454)	体系(419)	培训(398)
学徒制(386)	数字的(363)	路径(351)	标准(311)
课程(238)	证书(198)	数学(170)	英语(101)

第四节　英国国家技能战略的内容框架

21 世纪以来,技能战略成为英国职业教育改革和技能发展的方向标,内容框架由"技能开发""技能激活"和"技能使用"构成(如图 4-1 所示)。

一、技能开发:开发全民技能

开发技能潜力是技能战略的核心,也是实现技能供给的支柱。英国技能战略通过三个途径来实现全民技能的开发。

(一)构建覆盖全民的技能教育和培训体系

第一,加强14—19岁人口的技能开发。英国保留了14—19岁阶段教育的所有核心和基础学科,建立了一个符合学生需求的技能教育和培训体系,帮助开发14—19岁人口潜能,让所有年轻人都能获得所需的知识和技能。第二,推动成年人的技能开发,帮助成年人获得参加工作以及职业发展所需的技能。英国政府基于劳动力市场的成人技能状况,为他们提供相关、及时和持续的技能培训。为满足不同成人的学习需求,英国增加了成人技能培训的机会,提供了广泛的继续教育和培训,包括与工作相关的员工培训、成人正规教育、获得最低资格或基本识字和算术技能的"二次机会"课程、移民语言培训、针对求职者的劳动力市场培训计划,以及自我提高或休闲的学习活动。同时,英国政府还为成人技能培训提供支持,2001年,英国启动"成人基本生活技能计划",旨在推动个体进一步参与更多的技能培训,促进雇主加强对员工的技能培训,全面开发成人技能。第三,关注重点领域及弱势群体的技能培训。英国政府优先投资于雇主最需要的技能,把更多资金优先投入到最能推动经济增长的领域以推动必要技能的开发。同时,关注弱势群体的技能开发,为那些未就业人员提供免费的技能学习服务,帮助他们获得代表就业基本技能的2级资格证书。在政府资金有限的情况下,优先为技能水平较低的学习者或是弱势群体提供资金支持。

(二)实施高质量的现代学徒制计划

现代学徒制计划是技能开发的有效形式之一,能够提供工作场所学习,扩大技能规模与质量。21世纪以来,英国各届政府都在努力扩大学徒制规模、提升学徒制培训质量以构建完整的学徒制培训体系。

第一,加强学徒制改革,扩大学徒制规模。英国政府致力于扩大学徒制规模,提出到2020年把学徒数量扩大到300万。[①]为此,英国取消学徒的年龄限制,以便更多的老年学习者可以参与,使许多高龄人群也能从现代学徒计划中受益。同时与雇主合作扩大现代学徒制计划,让雇主更紧密地参与现代学徒制,通过国家雇主招募行动,鼓

---

① Department for Education and Skills.Developing a National Skills Strategy and Delivery Plan: Progress Report[R/OL].https://www.voced.edu.au/content/ngv%3A31262.

励雇主提供更多现代学徒制项目,增加学习地点的数量,为提高员工的技能作出更多贡献。如伦敦政府设立了市长学徒运动,以促进雇主参与学徒制技能培训。第二,从设定学徒标准、设立管理机构等多方面努力提高学徒制培训质量。为确保所有学徒达到雇主要求,英国政府设置了学徒制的最低标准,包括学徒要获得最低 12 个月的持续培训、为学徒提供功能性技能等。同时,由雇主负责制定行业的具体学徒制标准,学徒结束后依据相关标准对学徒进行考查。此外,英国成立了一个由雇主领导的新的独立机构——学徒制学院,负责监督学徒制培训标准及评估计划的制订与公布。

(三)制定实施有效的跨境技能政策

技术移民在应对技能和劳动力短缺方面发挥重要作用,通过邀请有技能的人进入英国也可以成为技能开发的一种方式。

第一,制定恰当的移民政策以吸引和留住更多的在全球范围内流动的高技能人员以及关键劳动力,同时消除这类群体融入英国劳动力市场过程中遇到的各种阻力。2002 年的《国籍、入境和庇护法案》旨在借助公民资格和语言等方面的培训项目,确保那些取得英国公民资格的人们获得所需技能,帮助其更好地融入英国劳动力市场。第二,鼓励国际学生毕业后继续留在英国。政府推出高技能移民工作者计划,以吸引更多高技能人才流入英国。英国学术认证信息中心(Recognition Information Centre)和英国学习和技能委员会(Learning Skills Council)合作,为那些拥有职业技能及资格的劳动力在具体操作层面提供更高效的海外资格认证流程,同时为他们提供更多培训机会,使其在英国获得水平相当的资格认证。第三,促进高技能人员的便利入境。英国内政部筹建了一个新的网站,旨在为各种合法移民进入英国的途径提供更多信息,同时为那些劳动力紧缺行业中技能较低的人们提供临时工作许可证。

二、技能激活:激活现有技能储备

出于各种原因,拥有技能的人可能无法或是决定不向劳动力市场提供技能,势必导致技能短缺。因此,须通过多种途径促进技能流入劳动力市场,激活现有技能储备。

(一)鼓励人们将技能付诸劳动力市场

长期未使用的技能随着时间的推移必然会萎缩,而且随着技能需求的变化,未使用的技能可能会过时,因此,需要提高劳动力参与率,激励劳动者将技能付诸劳动力市场。

第一,明确个体不能充分参与劳动力市场的原因,有针对性地建立有效的激励机制。如年轻人因为学习无法参与劳动、女性由于承担大部分家庭责任选择离开劳动力市场、拥有成熟技能的老年群体因退休年龄限制无法重返劳动力市场、疾病以及其他原因使得人们无法向劳动力市场提供技能。为此,英国政府通过提供个性化帮助以及财政支持等激励措施,加大对这类不活跃群体尤其是女性和残疾人或慢性健康问题患者的支持力度,帮助他们积极参与劳动力市场。第二,让更多技能熟练的年轻人进入劳动力市场。为促进青年人顺利进入劳动力市场,通过政府前期干预改革学徒制,明确规定学徒制围绕支持进入劳动力市场就业进行,帮助拥有技能的年轻人找到一份工作,积极投身劳动力市场。同时,充分考虑技能需求的差异化,即技能的区域差异和部门差异,确保个体已拥有的技能可以符合地区或是行业需求,实现技能供需的匹配,从而顺利进入劳动力市场。为此,自2002年开始,英国区域发展署联合英国学习和技能委员会共同资助商务技能网络,帮助雇主和个体学习者了解某一区域内的技能培训需求以及应对需求的办法。第三,留住劳动力市场的技能熟练人员。为确保技能熟练人员不会过早退出劳动力市场,同时也防止技能人才外流引起技能短缺,政府提高退休年龄,让那些有经验的劳动者可以继续留在劳动力市场。英国实施的"工作—生活平衡"(work-life balance)也有助于雇主招聘和留住那些可能会退出劳动力市场的技能熟练的雇员。英国一些行业技能委员会积极参与其中。例如,零售业行业技能委员会(Skillsmart)与百安居、乐购、阿斯达和塞恩斯伯里等公司合作,通过全国招聘活动提供新的工作岗位,这些公司均以招聘年长的技能熟练人员工人为目标。

(二)扫除人才进入劳动力市场的障碍

若要更好激活个体技能,需消除个体进入或是重新进入劳动力市场的障碍。

英国政府使用有助于技能激活的经济工具,通过税收政策,包括加快公共投资、削减利率、增加个人税收津贴以及对家庭、儿童和养老金领取者实行了广泛的减税和额外的财政帮助，①减轻个体的经济负担，使任何群体都能不受偏见、歧视或陈规定型观念的阻碍，帮助他们更好地融入劳动力市场。此外，为有需要的特定群体提供针对性的支持。对父母，尤其是母亲，平衡工作和家庭责任是其进入劳动力市场面临的主要障碍之一。为解决这一障碍，英国制定早期学习和国家儿童保育战略，提供高质量的、负担得起的保育服务，同时提供保育设施，确保"所有3岁和4岁的儿童每周能够获得15小时的免费儿童保育服务，每年38周；所有3至14岁的儿童都可以在上午8点至下午6点之间使用校外托儿场所；育儿费用的最高比例将从70%增至80%"。②该战略可以减轻女性工作者的家庭负担，增加了女性工作者的工作机会以及就业选择，扫除女性群体进入劳动力市场的非经济障碍。

（三）促进技能拥有者重返劳动力市场

技能是个体发展需要的工具，帮助因各种原因离开劳动力市场的人重返劳动力市场，可以进一步激活劳动力市场的技能储备。

第一，开设个人技能账户（终身学习账户）。随着个体年龄的增长，基础技能会迅速下降，被闲置的技能可能会萎缩或过时，为帮助这些原先的技能拥有者重返劳动力市场，英国建立"个人技能账户"，希望以此激励学习者通过不断学习以提高自身技能水平，在任何时候都可以重返工作岗位。2007年，英国开始全面推行"个人技能账户"制度，面向所有参加技能培训的19岁或以上的人，为他们提供能贯穿其终身的技能学习机会，赋予所有学习者更大的自主权和学习选择权，帮助他们选择学习方式和时间，激励他们获得技能和资格、进入工作岗位并在就业中取得进步。"个人技能账户"是为个体学习者提供多种服务的平台，帮助学习者避免长期失业或无法充分利用其技能的风险。第二，明确认可个体以往的学习成果特别是非正式学习成果。对以往学

---

① HM Government. New Opportunities Fair Chances for the Future ［EB/OL］. https：//assets. publishing.service.gov.uk/government/uploads/system/uploads/attachment_data/file/228532/7533.pdf.

② Department of Education and Skills. Getting on in Business, Getting on at Work. （2005-3）［EB/OL］.https：//webarchive.national　　　archives.gov.uk/ukgwa/20071104165907/dfes.gov.uk/publica-tions/skills getting on/.

习成果的明确认证和对非正式学习的认可,可以减少学习者获得某种资格或文凭所需时间,使得个体可以在较短的时间内满足劳动力市场需求,减少成本的同时促进个体更快地重返劳动力市场,进一步激活自身所拥有的技能。英国将学徒制与其他学习相结合,学徒制部分资格包含在资格和学分框架(RQF)中,这一框架包括 9 个不同层次,涵盖中等教育、继续教育、学徒制以及职业高等教育,使各层次教育成果都能进行互相比较,使 14—19 岁教育的文凭和学徒制之间的流动更加容易,先前学习成果得到认可。

三、技能使用:推动技能高效利用

成功的技能战略需要确保有效利用现有技能,避免技能浪费,而且,要实现技能的价值,也需要在个体工作中有效地使用自身所拥有的技能。

(一)实现技能供需匹配,促进技能的有效利用

明确当前和未来的技能需求,可以提升技能供需匹配度,促进技能有效利用。

第一,明确当前技能需求,收集当前不断变化的技能需求信息。英国雇主技能调查(Employer Skills Survey,ESS)是英国技能需求和劳动力市场数据的重要来源。英国雇主调查通过提供丰富的数据,不仅可以跟踪各个时间阶段的技能需求,还可以深入了解各个行业和职业的技能需求。2015 年的雇主调查报告评估了英国技能短缺问题对全英经济增长的影响,衡量了英国技能短缺的普遍性、特征和影响,并详细说明了英国劳动力市场的技能需求,提供了大量可供广泛使用的信息。[1]第二,开展技能需求预测,明确未来技能需求。需求预测可以为技能教育和培训体系提供更多信息,实现技能供给和需求的匹配度,从而提升技能的利用率。英国就业和技能委员会(SSCs)负责技能预测工作,行业技能委员会、雇主以及劳动力市场其他相关机构进行劳动力信

---

① UKCES.The UK Commission's Employer Skills Survey 2015:UK Results.(2016-5)[EB/OL].https:/ /assets.publishing.service.gov.uk / government / uploads /system /uploads/attach-ment_data/file/704104/Employer_Skills_Survey_2015_UK_Results-Amended-2018.pdf.

息的收集、分析并做出技能需求判断，明确重点技能需求，并且通过技能资助机构的监管以及经费划拨，引导职业教育与技能培训机构提供劳动力市场需要的技能人才。[1]2010年，英国就业和技能委员会结合定量和定性方法，启动了一项国家战略技能审计项目，采用更广泛的"基于场景"的方法来评估未来技能需求。该项目是为了向政府、雇主、个人和教育提供者提供关于英国技能需求的信息并定期更新。

（二）挖掘个体已有技能，促进本地劳动力市场内部流动

有效的技能战略强调技能的高效利用，即挖掘个体已有技能，促进本地劳动力市场内部流动。

第一，英国政府支持雇主发掘员工擅长的技能，充分利用已有技能。国家投资220亿使用商业支持计划来发展关于有效利用劳动力中已有技能的政策，[2]确保工作场所中个体自身潜能被充分地发现与利用。此外，英国政府与雇主合作，为学生提供实习机会，帮助个体将所学与实践结合，为其今后充分发挥自身潜能奠定基础。第二，构建全年龄段的就业服务体系，为个体在合适的时机给予合适的指导，提高技能使用率。2012年，英国政府推行面向13岁以上公民的"全年龄段就业服务"计划，明确学校、地方当局和政府的责任，同时为提高就业服务的质量，政府要求所有提供就业服务的机构要在国家就业服务计划实施的一年内通过 Matrix 质量标准认证，确保人们获得高质量的信息、建议和指导。2013年，英国所有国家就业服务机构均通过了Matrix 认证。[3]

① 李思敏.科学支撑未来决策：英国技术预见的经验与启示[J].今日科苑,2020(11):69-77.
② 郭达.《面向增长的技能——英国国家技能战略》白皮书述评[J].职教通讯 2012(4):49-54.
③ 王雁琳.大社会理念下英国联合政府的技能战略[J].职业技术教育,2013(13):84-89.

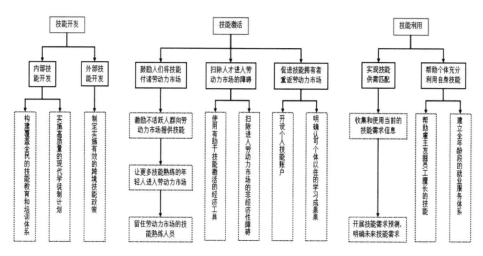

图 4-1 21世纪以来英国国家技能战略的内容框架

第五节 英国国家技能战略的特质分析

基于编码结果对英国技能战略特征进行分析与画像（如图 4-2 所示）。理念是制定技能战略的基础条件，路径是推动技能战略实施的关键，条件保障则确保技能战略的有效落实。

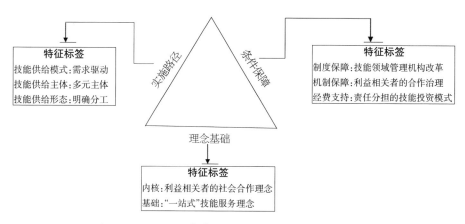

图 4-2 21世纪以来英国国家技能战略特征画像

一、理念基础:以社会协作理念为引领

英国虽然是典型的两党制国家,政党更迭带来不同执政理念,但是各执政党在技能战略上均遵循社会协作理念,推进技能战略的目标达成。

社会协作理念的内核是利益相关者的社会合作。无论是"第三条道路"指导下的新工党"协同政府",还是联合政府时期的"大社会"理念,均将利益相关者的社会合作视为有效实施技能战略的关键。各执政党在协调政府内部以及政府与市场关系方面做出许多努力,将更多政府之外的主体纳入技能战略推进过程中,强调中央政府之间、中央政府与地方政府之间、政府与非政府部门(私有部门、志愿性机构、第三方机构、代理机构)以及非政府部门之间的合作,以部门间的协调来保证公共服务供给的效率性和现代性。英国政府曾先后采用"公共服务协议""部门业务计划"等,遵循结果导向的服务理念,联合不同技能利益相关者共同行动,确保技能战略目标的达成。例如,财政部通过"公共服务协议",与其他各个政府部门,如教育和技能部、贸易和工作部、工作与养老部等之间建立协议,既强化了中央部门在推动技能服务提供中的重要作用,又打破了部门主义,促使部门更有策略性地管理资源,确保技能战略目标的可达成性和时效性;英国雇主(企业)与英国教育和资助机构达成学徒制——雇主协议,共同推动劳动力技能培训的开展与实施。

社会协作理念的基础是"一站式"技能服务理念(如图 4-3 所示),即构建服务全生命历程的技能教育与培训体系,把分散的教育资源与服务集合起来的,帮助个体通过终身学习获得所需技能。一是早期教育为儿童提供一个优质的教育起点,[1]促进早期基础技能的发展,包括沟通、合作、创造力等,为终身学习奠定基础。二是初等和中等教育阶段培养学生的读写、算术和信息与通讯技能,为以后的就业奠定基础;通过14—19 岁教育为 14 岁以上的青年提供到校外机构学习技能的机会,帮助他们了解

① Department for Education and Skills.Education and Skills:Delivering Results:A Strategy to 2006.2001 [EB/OL].https://webarchive.nationalarchives.gov.uk/ukgwa/20121206093604/https://www.education.gov.uk/publications/standard/publication Detail/Page1/ESDRS2006R.

劳动力市场以及工作场所所需技能,加深对工作岗位需求的理解。通过提高继续教育的专业化程度和教学质量,为年轻人和成年人提供生产性、可持续就业技能,培养大量拥有创新知识与技能的人才,提高劳动者的技能水平。同时,在现代学徒计划中纳入关键技能,为所有参与学徒培训的人提供专业或技术路线、可转移技能以及英语和数学技能方面的实质性培训,解决特定领域的技能短缺问题。[①]三是依托现有高等教育体系优势,扩大职业领域的基础学位(Foundation Degree,为两年制高等职业教育设立的学位),开发基础学位框架,[②]在大学和继续教育学院开发广泛的职业基础学位课程,使高等技术教育成为一种更受欢迎的选择,提高其知名度和声望,吸引所有年龄段的人寻求技能再培训,掌握劳动力市场所需的特别的技能,满足行业以及社会对于更高层次技能人才的需求。四是将职业和技能教育衔接,为个体学习者提供技能、培训、工作、学徒和资格方面的信息、建议和指导,保障所有学生获得技能以发挥其无限潜力。通过职业地图(occupational maps,职业地图记录了通过学徒或 T 级培训可以实现的所有技能职业, 将所有技能职业分组以显示它们之间的联系和可能的发展路线)[③]、薪资变化数据进一步为不同群体提供关于职业发展的清晰信息,使人们了解劳动力市场和工作世界,确保每个人都能获得目标职业的全部信息,帮助人们在职业生涯阶段驾驭复杂的职业变化,避免技能浪费,提升终身学习结果的可见性。

---

① Department for Education and Skills.14－19 Education and Skills.2005 [EB/OL].https://we barchive .nationalarchive s.gov.uk/ukgwa /20121206023529/ https：//www .education.gov.uk/publica tions/standard/publication Detail/Page1/CM%206476.

② Great Britain. Department for Education and Skills（2003）. Developing a National Skills Strategy and Delivery Plan：Progress Report[EB/OL].http：//hdl.voced.edu.au/10707/61897.

③ Department for Education.T Level Action Plan. (2017－10－11) [EB/OL].https://www.gov. uk/government/publications/t－level－action－plan.

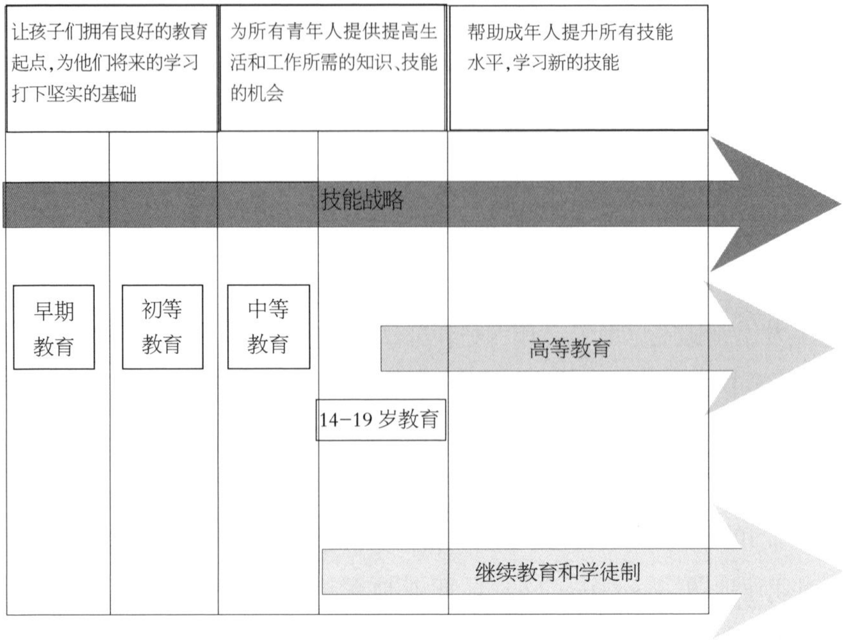

| 让孩子们拥有良好的教育起点,为他们将来的学习打下坚实的基础 | 为所有青年人提供提高生活和工作所需的知识、技能的机会 | 帮助成年人提升所有技能水平,学习新的技能 |

技能战略

| 早期教育 | 初等教育 | 中等教育 | 高等教育 |

14—19 岁教育

继续教育和学徒制

图 4-3　英国国家技能战略与终身教育服务的联结

资料来源:Department for Education and Skills,HM Treasury,Department for Work and Pensions, et al.. 21st Century Skills – Realising Our Potential, Individuals[R]. 2003,125.

二、实施路径:以技能供给侧改革为核心抓手

改善技能供给的结构和水平, 满足社会技能需求是解决技能短缺问题的有力支撑,也是实施技能战略的必然要求和重要举措(如图 4-4 所示)。

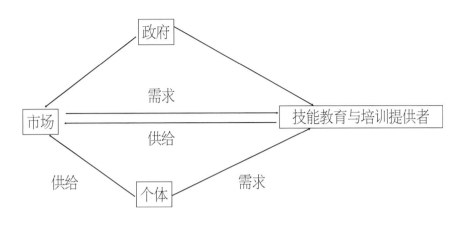

图 4-4　英国技能供给侧改革模式

以需求驱动技能供给。根据市场需求调整技能供给,确保技能供需的协调。一是以雇主真实的技能需求(主要是工作岗位的技能需求)作为供给出发点和落脚点,刺激技能供给,促进个体接受更高层级的技能教育与培训,获得具有高附加值的技能,实现高技能均衡。具体而言,就是从雇主即企业角度开展技能需求预测,借助英国商务技能网络(Skills for Business Network,主要职责是确定并清楚地阐述该行业中雇主当前和未来的技能需求)对雇主不断变化的技能需求进行预测,同时对所有行业目前的技能状况进行评估,明确目前和未来的技能短缺,从而实现个体技能供给和企业技能需求的协调,达到技能供需平衡。二是以整个劳动力市场的技能需求来调整技能供给的水平和结构。通过调查英国技能现状,预测整个劳动力市场技能需求的规模、类型和水平,明确各个行业领域所需的技能,据此来规划技能教育与培训的内容,对技能供给侧进行改革,实现技能的供给结构与劳动力市场的技能需求结构有效匹配,避免技能错配,陷入低技能均衡的恶性循环。英国的技能短缺问题既是一个技能供给不足的问题,同时也是一个技能需求不足的问题,①因此,须基于技能需求改革技能供给

---

① AlisonL.Booth,Dennis J.Snower.Acquiring Skills:Market Failures,their Symptoms and Policy Responses[M]Cambridge University Press,1996:305.

侧,推动技能战略实施。

多元主体参与技能供给。21世纪以前,过度的政府干预和完全的放任主义都未能从根本上解决英国长期以来的技能短缺问题,也难以满足经济发展所需的技能需求。因此,必须促进不同利益群体参与技能教育与培训,充分发挥多元主体的优势,为学习者提供丰富的技能教育与培训,形成政府、雇主、教育与培训机构、个体等利益相关者多元主体参与的技能供给格局。如,英国政府与社会中介组织(职业过渡伙伴)都是退役军人职业过渡培训的供给主体,[①]为退役军人提供技能培训,充分利用这些人力资源,缓解英国技能人才短缺问题。

明确多元主体职责划分。政府发挥自身宏观调控作用,包括制定技能教育与培训政策、技能发展计划、承担技能投资责任,为学徒制发展提供公共资金并建立学徒制的声誉,开发各类技能培训项目以促进技能开发和技能供给。雇主(企业)被置于技能供给核心,发挥主导作用,持续对技能培训进行投资,开展企业内部培训(包括员工培训),开发社会经济发展所需的技能,实现技能供给。技能教育与培训机构(大学和培训机构负责)可以为雇主和学习者提供灵活的技能培训,调整技能培训计划以及培训内容,提供高质量的培训课程,为雇主提供更广泛的技能培训,包括基本技能培训以及为企业领导和高级管理者提供监督和管理培训。一些继续教育大学成立企业发展部,为雇主提供定制的技能培训。此外,个体学习者承担自身技能提高责任,更多地参与到各项技能培训与学徒计划中,将自身技能投入劳动力市场,实现技能供给。

三、条件保障:以多维度保障为重要依托

英国技能战略的实施成效如何、技能教育与培训的可持续性发展与否均有赖于多维度的保障体系。

构建制度保障是技能战略有效地实施的重要依托。一是英国将不断完善相关技能政策视为技能战略顺利实施的关键。21世纪以来,英国不断制定、修订完善技能相关政策,从国家层面规划明确技能人才的培养路径,将提高技能水平、解决技能短缺

---

① 王棒.英国退役军人职业过渡培训:主体、内容与特征[J].中国职业技术教育,2021(2):81-87.

问题作为政策引导重心,密切关注经济变化对技能的新需求,采用经济手段调节政策机制,制定满足需求的技能政策,引导技能教育改革,实现技能战略的根本目标。二是实施技能领域政府机构改革,运用国家权力,确保技能战略的有效实施。21 世纪以来,英国技能领域的管理机构几经更名,折射出英国技能教育的变革方向以及亟须解决的问题。2001 年,英国政府将“教育与就业部”改为“教育与技能部”,凸显“技能”地位,将政策重心转向发展技能教育与培训,使学生能获得未来学习、工作、生活方面要用到的种种技能。2008 年,成立英国就业与技能委员会,为技能教育与培训政策的制定与执行提供建议,监控技能教育与培训体系,评估技能战略的进展情况。2009 年,将“教育与技能部”改为“商业、创新和技能部”,重点关注青少年的技能培训,确保所有青少年能够获得合适的技能培训。

以技能治理为技能战略实施提供机制保障。英国通过合作式技能治理,即国家领导的涵盖各级政府机构、雇主以及技能教育与培训提供者等众多治理主体的合作伙伴关系,实现各个利益相关者的互动,共同参与技能治理,防止技能“贬值”。一是政府各级组织机构间的合作是保障技能战略实施成功与否的关键因素。政府发挥主导作用,通过中央政府部门间以及中央与地方政府间的合作,将所有负责提供技能教育与培训的部门和机构联合起来,在技能领域开展跨政府合作,如教育与技能部和英国内政部合作加强监狱技能培训。[1]2003 年,英国政府成立了行业技能委员会联盟(一个社会技能合作机构),将主要政府部门,包括教育与技能部、贸易和工业部、就业和养老金部及财政部等联合起来,推动并监控技能战略的实施成效。英国教育与技能部、就业和养老金部联合区域发展署(由当地的学习和技能委员会、地方政府、雇主代表等组成)共同制定区域技能行动框架,提高当地劳动者的技能水平,满足区域雇主的技能需求。二是政府与企业雇主的合作。2003 年,英国教育与技能部牵头,行业技能发展署 (Sector Skills Development Agency) 建立了商务技能网络 (Skills for Business

---

① Department for Education and Skills&HMT reasury&Department for Work and Pensions.21st Century Skills:Realising Our Potential:Individuals,Employers,Nation.(2003-7)[EB/OL].http://webarchive.national archives.gov.uk/20140113173031/http://www.apprenticeships.org.uk//~/media/AAN/Documents/Research_1_100.ashx.

Network），为各种规模的企业雇主提供技能发展趋势，满足他们的技能需求，同时也促进了同一行业中的雇主彼此合作。2008 年成立的英国就业和技能委员与雇主合作，合理预测经济发展对技能的需求，为就业和技能体系的改革与发展提出建议，促进雇主加大技能投资以更充分地利用技能。同时加强政府和雇主的联系，制订技能培训和技能供应计划，支持行业技能培训的发展，推动技能体系改革。此外，围绕学徒制的发展，英国政府与雇主（企业）合作，共同分担学徒培训的成本，推动学徒制高质量发展，培养高技能人才。三是技能教育与培训提供者（大学和私人培训机构）与雇主之间的合作。技能教育与培训提供者（大学和私人培训机构）与雇主建立长期合作，开发能满足雇主需求的技能培训课程，开发定制的技能服务，共同解决尚未通过主流教育解决的具体问题。四是大学和私人培训机构间的合作，通过开展正式的、非正式的广泛合作，为 14—19 岁的学生提供广泛的技能实践以及最适合的、满足其需求和兴趣的技能学习课程，同时大学和私人培训机构合作成立职业卓越中心（Centre of Vocational Excellence），开展技能教育与培训，开发高质量技能培训，满足雇主的技能需求。

责任分担的技能投资模式为技能战略实施提供充足的经费保障（如图 4 所示）。英国技能投资的主体是多元的，主要包括政府、企业和个人。一是政府发挥投资主渠道的作用，向提供技能培训的机构提供拨款；政府通过向雇主征收学徒制税，推动雇主积极主动地参与技能投资；政府以全部资助（接受技能培训的失业者）、部分资助（再次接受水平 2 或是水平 3 技能培训的 19—24 岁的青年人）以及支持贷款（24 岁以上的接受水平 3 以上技能培训个人）的方式，[①]为不同层次和类型的受训者提供资金支持，扫除学习者接受技能培训的经济障碍。二是企业内部的技能培训成本完全由雇主承担，包括员工的工资、培训设备及材料等。此外，政府和雇主共同投资于对经济增长具有重要价值的技能，雇主给予"个人学习账户"资金支持，和个体共同承担技能培训成本，促进个体参加技能培训，改善其技能。三是学习者加强对自身技能方面的投资，积极承担包括课程费、考试费以及资料费等培训相关费用。针对不同类型的技

---

① Department for Business Innovation and Skills . Skills for Sustainable Growth Strategy Document FullReport . 2010［R/OL］. http：//www . bis . gov . uk/assets / biscore/further-educaion-skills/docs/s/10-1274-skills-for-sustainable-growth-strategy.pdf.

能课程学习,政府给予不同比例的费用减免。如果个体选择学习通用性技能,将会享受到20%的费用减免;如果进行基础核心课程学习,如信息通信技术,将会享受80%的费用减免。[①]

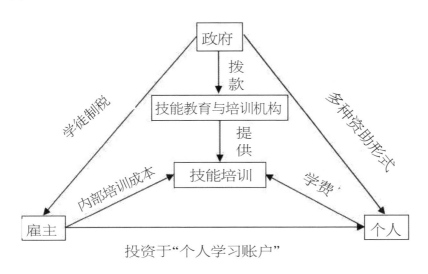

图4-5 多元主体责任分担的技能投资模式

第六节 21世纪以来英国国家技能战略的经验启示

21世纪以来,英国技能状况有所改善,主要得益于技能立国战略的确立与实施。总结其成效与存在问题,为我国确立技能战略与技能人才培养提供经验借鉴。

一、英国国家技能战略的实施成效

21世纪以来,英国国家技能战略及技能改革取得一定成效,但不乏问题存在。

---

① 刘文杰,王雁琳.英格兰终身教育"学习账户"制度历史演进及其启示[J].外国教育研究,2014(3):4-9.

增强了英国社会各界对技能重要性的认识。一是政府将技能置于未来技能培训发展的核心位置,强调"技能是我们控制范围内创造财富和减少社会贫困的最重要杠杆",[①]提升技能水平可能会获得巨大收益。《里奇评论》估计,"基于英国生产率和就业率分别增长 15%和 10%的情景,在 30 年内,英国净收益至少为 800 亿英镑"。[②]此外,英国政府加强了对技能的投资,在 2008—2009 年、2009—2010 年、2010—2011 年,英国政府分别投入 166.4555 万英镑、175.3338 万英镑、178.2906 万英镑用于成人学习者技能培训[③]。二是全民积极参与技能培训,获得职业资格及学徒制人数持续增长。在19—64 岁成人群体中,获得 4 级及以上资格的成年人的比例和人数从 2002 年的25.7%和 910 万增长至 2012 年的 37.1%和 1420 万,到 2020 年,将增长至 46.7%和1840 万。此外,2015 年,英国有 87.18 万人参与学徒制,而在十年前,只有 17.5 万人参与培训[④]。三是技能提供者、雇主以及学习者等利益相关者重视职业技术资格证书。2021 年,技能提供者(56%)和学习者(49%)认同职业技术资格证书是值得信赖的,技能提供者(65%)和学习者(57%)赞同职业技术资格证书可以为工作和进修做良好的准备[⑤]。

一定程度实现了英国政府的核心经济目标。技能、生产力和就业之间有着直接联

---

① HM Treasury.Prosperity for All in the Global Economy-World Class Skills.(2006-12-5)[R/OL]. https://assets.publishing.service.gov.uk/media/5a7c9607ed915d12ab4bbc4e/0118404865.pdf.

② Department for Business Innovation and Skills.Supporting Analysis for "Skills for Growth:The National Skills Strategy". (2012-12-10) [EB/OL].https:// webarchive . nationalarchives .gov.uk/ukg wa/20121212135622/http://www.bis.gov.uk/assets/biscore/economics-and-statistics/docs/10-604-bis -economics-paper-04.

③ Department for Business Innovation and Skills.Skills Investment Strategy 2010-11. (2009-11) [EB/OL].https://management-ui.excellence gateway.org.uk/sites/default/files/Skills_Investment_Strate gy_2010-2011.pdf.

④ Pullen,C.,Clifton,J..England's Apprenticeships: Assessment the New System [EB/OL].https: //www.ippr.org/files/publications/pdf/Englands_apprenticeships_Aug%202016.pdf.

⑤ The Office of Qualifications and Examinations Regulation.Perceptions of Vocational and Techni calQualifications in England-Wave5 [EB/OL].https://assets.publishing.service.gov.uk/government/up loads/system/uploads/attachment_data/file/1088068/Perceptions_of_Vocational_and_Technical_Qualifica tions_in_England_-_wave_5.pdf.

系,英国技能体系提供了巨大价值。一是促进国家经济增长。英国在缩小与主要竞争对手之间的生产率差距方面取得了进展,与法国的差距从 1997 的年 22 个百分点缩小至 2007 年的 18 个百分点,与德国的差距从 1997 年的 25 个百分点缩小至 13 个百分点。在金融危机之前,技能提高直接占生产力增长的五分之一左右。据估计,仅 2018—2019 年,成人技能教育和培训就为英国带来 260 亿英镑的终身收益。①2022 年,英国伦敦地区的生产率达到了 207%②二是实现高就业率、低失业率。英国就业率一直处于上升趋势。2018 年,英国职业教育和培训毕业生(20—34 岁)的就业率为 80.5%,与欧盟平均水平相当。与 2015 年相比,参加职业教育和培训毕业生(20—34 岁)的就业率提高了 1.5 个百分点。③同时在持续性就业方面,2017—2018 年间,110 万参与继续教育和技能培训的学生中,三分之二实现了可持续就业,获得 3 级资格证书的毕业生在毕业 3 至 5 年后收入增加 16%,就业率提高 4%。此外,失业率特别是青年失业率有所降低。20 岁以上成人的失业率从 2010 年的 9.9%下降到了 2015 年的 6.8%,低于欧盟的平均水平 12.9%。2018 年,失业率已降至 4%,40 多年来最低。④

　　技能短缺问题有所缓解,但尚未从根本上加以解决。从全国范围来看,英国技能短缺分布不均,不同产业部门存在差异。英国的经济支柱产业——金融服务和公共管理行业的技能短缺数量和密度相对较少,2019 年,技能短缺密度分别为 27%和 10%。但是,建筑、制造业和初级产业部门及公共事业技能短缺的数量和密度较大,占比均

　　① Department for Education.Skills and Post-16 Education Act 2022:Impact Assessment.(2022-7)[EB/OL].https://www.legislation.gov.uk/ukpga/2022/21/pdfs/ukpgaod_20220021_en.pdf.

　　② Mayhew,K..Left Behind Localities and Levelling Up:Skills and Productivity Skills and Productivity Board.（2022-5-25）［EB/OL］.https://assets.publishing.service.gov.uk/government/uploads/system/uploads/attachment_data/file/1077911/Left_Behind_Localities_and_Levelling_Up_Skills_and_Productivity.pdf.

　　③ CEDEFOP.Dev elopments in Vocational Education and Training Policy in 2015-19.（2020-6-17）［EB/OL］.https://www.cedefop.europa.eu/en/country-reports/developments-vocational-education-and-training-policy-2015-19-netherlands.

　　④ Department for Business,Energy&Industrial Strategy.Forging Our Future Industry Strategy-The Story So Far.（2018-12-6）[EB/OL］.https://www.gov.uk/government/publications/forging-our-future-industrial-strategy-the-story-so-far.

在 30%以上，①一些高科技行业的技能短缺问题依旧严峻。《2017 年雇主技能调查》（Employer Skills Survey 2017：UK Findings）显示，科技、工程和数字等 STEM 领域的技能人才长期处于短缺状况，20%的英国雇主认为存在高级技能人才短缺问题，技能短缺企业（雇主）总数略超过 100 万，比 2015 年增加了 9%。②此外，为确保职业技术资格更好地满足经济发展的技能需求，英国推动了技术资格改革，许多职业技术资格将与雇主主导的职业标准相一致。但是，英国目前尚未建立完善的机制来确保改革实施成效。

二、对我国技能社会建设的借鉴启示

21 世纪以来，英国国家技能战略以及技能改革经验对于推动"技能中国行动"以及建设技能社会具有重要启示意义。面向未来，可从战略目标、战略规划及战略实施三个方面进行改进。

（一）明确战略目标

明确战略目标，以技能人才培养为核心，提高国家整体技能水平。长期以来，我国劳动力市场一直存在着技能人才短缺的结构性矛盾，高技能人才短缺在一些新兴产业中表现得尤为明显，而且作为"低技能均衡"国家，存在劳动生产率偏低等问题。以 2018 年的制造数据业为例，中国劳动生产率是 28974.93 美元/人，仅为美国 19.3%、日本 30.2%和德国 27.8%③。如何在当前百年未有之大变局中开新局？一是确立国家技能战略，为个体提供各种技能教育，重视个体终身技能培养，提升我国整体技能水

---

① Department for Education.Employer Skills Survey 2019：Research Report.（2020−10）[R/OL].https：//assets .publishing.service.gov.uk/government /uploads/system/uploads/attachment_data/file/925744/Employer_Skills_Survey_2019_research_report.pdf.

② Department for Education.Employer Skills Survey 2017：Research Report.（2018−8−16）[R/OL].https://www.gov.uk/government/publications/employer−skills−survey−2017−uk−report.

③ 中铸协. 我们为什么不是制造强国？制造业生产率不足美国两成！[EB/OL]https//mp.weixinqq.com/&__biz=MjM5NjU0ODM00Q==&mid=2654198364&idx=1&sn=d9e1361f9250064f41 ab25738f9e2096&chksm=bd20e1ce8a5768d8dc62acc9ef6bfd6daf72418ccbeee5200ad27c5f3a49c77a693a7&scene=27.

平，增强国际社会竞争中的技能人才优势。二是丰富技能内涵，涉及基本技能、职业技能与公民技能，培养具有公民责任意识与担当的技能人才，推动技能社会的全面建设。

(二)做好战略规划

做好战略规划，基于国家顶层设计和整体规划，构建符合我国国情的技能政策体系。技能中国行动及技能社会建设是一项系统工程，与劳动关系制度、社会保障制度、宏观产业政策以及职业教育改革等密切相关。但目前我国技能社会建设更多是从职业教育改革入手，劳动力市场普遍存在技能人才"重使用、轻培养"的问题，因此，构建适合国情的技能政策体系是最为重要的。一是政府科学谋划，加强技能政策与经济政策、产业政策等的协同发展，构建"1+N"的技能政策体系，涵盖技能人才培养、评价与使用等方面；基于"需求导向"，在应对当下劳动力市场需求的同时，重塑市场对高技能人才的需求，加强服务国家重大战略以及重点行业领域的技能教育。二是确保技能政策的一致性和延续性，避免政策冲突，以政策合力实现战略目标。例如，英国布莱尔政府通过"行业技能协议"让雇主，即企业积极参与技能战略；布朗政府通过"技能承诺"强化雇主责任；联合政府强调要充分发挥雇主在技能开发中的主导作用；特蕾莎·梅政府强调突出雇主主导作用；约翰逊政府制定了雇主主导的国家标准体系，将雇主置于定义当地技能需求的核心位置，这些政策一以贯之，推动了雇主的广泛参与。

(三)推进战略实施

推进战略实施，以公平、质量为核心主题，聚力推动技能教育改革。一是以系统思维为指导，增加技能获取机会。以产教融合、科教融汇、职普融通、职继协同为突破口，改革技能教育体系，确保每个人，特别是社会弱势群体在人生任何阶段均有机会接受教育、获得终身技能，满足不断增长并迅速变化的经济需求。二是以创新思维为指导，"高质量发展"为主基调，聚力高等技术教育改革，发展高级学徒制，优先布局高技能人才，为实现经济繁荣和社会包容提供技能人才支撑。三是完善基础性制度建设，如建立技能教育资助制度、"个人技能账户"制度，构建终身技能教育体系制度等；同时还应从标准规范、信息化建设、合理问责等层面为政策执行提供保障。

(四)提高技能战略实施效率

保持战略目标、技能政策以及行动的一致性和协同性，提高技能战略实施效率。

国家、市场以及社会"三位一体"协同治理是关键。一是重视发挥国家权力作用,转变政府职能,加强一系列广泛政府部门以及不同层级政府部门之间的协调、合作,从政府层面提供持续的政策引导、资金支持、统筹协调等。二是推进行业企业代表的市场力量的深度参与,明晰行业企业职责,校企协同参与技能教育的内容开发、课程设计、技能培训项目和学徒计划实施、职业资格改革与标准设计、技能投资等,以企业需求驱动技能人才培养。

下篇　技能型社会建设:实践样态与职业教育

　　教育能够创造和重塑世界,这一全球共识是我们的共同出发点。新的教育契约要求必须加强教育,使之成为一项公共事业、共同的社会承诺、一项重要的人权,以及国家和公民的一项重要责任。[①]教育应该使人们能够为自己、为家庭和社区创造长期的社会和经济福祉。因此,构建职业教育与培训生态系统,重新认识职业教育与培训的价值,再次审视职业教育与培训资源的空间布局,开展必要的职业院校改革,构建职业教育与培训研究共同体等, 成为技能型社会建设中职业教育必须思考且予以落实的实践问题。

---

　　① 联合国教科文组织编.一起重新构想我们的未来:为教育打造新的社会契约[M]北京:教育科学出版社,2021:49.

第五章　公共利益与共同行动：
缔结职业教育新社会契约①

2021 年 11 月,联合国教科文组织发布了一份前瞻性战略报告——《共同重新构想我们的未来:一种新的教育社会契约》(Reimagining our futures together: A new social Contract for education)。这份报告基于社会现实、面向未来,多视角剖析教育革新,期冀缔结新的教育社会契约以增强全人类命运共同体意识,实现共建美好未来的愿景。尤其是报告中高频出现的"团结""协作""集体"等含有共同意味的词汇具有丰富的时代内涵,不仅指引了教育革新方向,也赋予了职业教育新定位;既是一份邀约,又提出行动框架。在"契约""契约论"以及"契约与教育"词汇溯源基础上,明确"教育社会契约"涵义,阐述了新的教育社会契约之"新"和教育赋能构想新未来的依据。基于上述构想,呼吁缔结职业教育的社会契约,促进职业教育领域革新。

第一节　教育社会契约:赋能重新构想新的未来

一、教育社会契约的内涵解析

将教育视为一种新的社会契约,是该报告的最大亮点,也是核心主旨。为了深入

---

① 贾旻,王珏,王慧泽.公共利益与共同行动:新教育社会契约解析及职教启示[J].教育与职业,2023(19):5-19.

分析报告内容,需要对"契约"一词进行脉络溯源。马克思和恩格斯认为,"国家起源于人与人之间签订的契约,起源于社会契约,此观点源于伊壁鸠鲁"。①伊壁鸠鲁将契约一词同国家、法律和正义相联系,认为"公正不是某一个自身存在的东西,而是存在于人们的相互交往中,它是一种契约,是每一次在一些国家内为了不损害他人和不受他人损害而制定的契约"。②《新社会契约论》作者麦克尼尔将契约等同于界定流转过程时当事人之间的关系,即"契约是有关规划将来交换过程的当事人间的各种联系"。③总之,契约在社会发展的不同时期被给予不同内涵,"中世纪视其为政权来源;近代则用以阐明整体人类社会如何演化而来与向前发展;此时的契约论逐渐成为一种主流的政治哲学理论;罗尔斯重提契约论后,契约被明确设定为是"假想的与理想的,主要目标也变成了对合理政治的追求"。④马克思在上述理论的基础上批判"社会契约论下构建国家权力的过程和结果不是自由平等的"。⑤

　　早在 20 世纪 90 年代末,法国社会学家埃德加·默兰在《向一种新的社会契约迈进?》一文中阐明,"为了增进理解,以想象推演未来,名声显赫的学者们在联合国教科文组织总部聚会,共同规划一种新的社会契约"。⑥此时的社会契约反映了人们对终身教育的初步构思。教育教学中,主张"在师生间建立一种互相信赖的关系来培养学生的契约意识,基于平等的基础借助契约来指导彼此行为";⑦由"社会契约的道德"发展为"人内在需要的道德",这便是"道德教育的根本途径"。⑧从契约到契约论再到社会契约论,最初传统的经济契约逐渐发展成政治契约,在变迁中不断增添的新含义使其有了更丰富和完整的意义,被广泛使用于各类场景中,包括教育。

　　本书中将"教育社会契约"定义为:社会成员之间为谋求与保全共同的教育利益

① 中央编译局.马克思恩格斯全集:第 3 卷[M].北京:人民出版社,1972:147.
② 中央编译局.马克思恩格斯全集:第 40 卷[M].北京:人民出版社,1972:267.
③ 麦克尼尔.新社会契约论[M].雷喜宁等,译.北京:中国政法大学出版社,1994:4-5.
④ 熊宇.契约论的普遍性与特殊性探析[D].黑龙江:黑龙江大学,2018.
⑤ 孙浩.论马克思对现代社会法律建设的启示[J].卷宗,2018(31):288.?
⑥ 埃德加·默兰.向一种新的社会契约迈进?[J].科技潮,1999(4):94-95.
⑦ 席梅红.论中学生契约意识的培养[J].现代教育论丛,2007(3):33-36.
⑧ 王天恩.论道德教育的根本途径[J].思想理论教育,2017(4):45-50.

经合作一致达成某种默会协议。具体地讲,教育社会契约本质上是一种关系,通过彼此让渡一部分或者全部权利来达成一致;教育社会契约旨在提供公平教育机会与优质教育,实现个体公平、社会和平以及可持续未来;教育社会契约遵循公平原则,包含关怀、互惠和团结的伦理。

二、教育社会契约的继承与发展

联合国教科文组织从 20 世纪 70 年代至今连续颁布了《学会生存》《教育——财富蕴藏其中》等报告,隐含了延续和创新的意蕴,分析其演进脉络有利于理解新的报告。

第一,教育内涵由"众我"到"自我"。个体的发展不再是为了成为社会中的一员,而是在集体中发展个体,实现自我价值,达成某种意义上的兼容。具体来说,单一的知识观已经被淘汰,过去集体视角下科技至上,学校以科学技术为中心开展课程;个体知识主要来源于学校;学习是为了个体融入社会做准备。如今对学习内容提出跨学科、跨领域、生态教育等要求,内容更为"庞杂";以信息技术为依托的学习方式也更加多元,掌握数字技能的同时意味着学习资源的终身获取;结果不再局限于个体成为社会人这一指向,而是利用知识和技能完善自我,并且认识到个体和集体的关系,能够在集体中发展,展现自我能力。

第二,教育理念在延续终身学习的基础上讲求平衡教育生态系统。报告始终坚持知识是一个不断演进的体系,而终身教育传达的是一种持续的学习观,故终身学习是报告一以贯之的教育理念。事实上,从学习化社会到泛在教育时空,虽然表述有变,但均指向"人人学习、时时学习、处处学习"的美好景象,其本质归结于终身教育理念。这就要求全人类求同存异、和睦共处,在习得基本生存能力外能承担该有的使命感与道德责任感。教育能够帮助人们更好地适应未来世界的规则,发挥此项功能的前提是全人类共同合作,所以新的报告要求以人类命运共同体的形式应对危机与挑战,共建美好未来。第三,从追求个人"生存"到提倡群体"共存"的教育目的变更。教育的基本目的是促进个体和社会的发展,报告传承了基本目的,同时提出了新的目标。教育不再摆动于政治、经济等外在目的和具有人文属性的内在目的之间,提出包容内外目的的同时强调教育的工具属性。新的教育社会契约提议教育进行革新以应对危机之外，培养个体的集体意识和协作团结能力十分必要。原先的教育作为一种公共产品被给予经济导向和人文价值，但不能够满足现代社会的发展与要求；故教育由公共产品转向共益工具，教育目的也体现出一种融合特征：全体成员共建共享。

与以往的报告有所不同，新报告提出重新构想未来的枢纽是缔结新的教育社会契约。新报告的展望、依存和共益属性体现了新的教育社会契约足以让教育赋能构想人类新的未来，在教育构想人类新未来的行动框架中缺一不可。

第一，展望性，立足于全局分析态势，是行动框架的奠基石。报告邀请世界各地的政府、组织、机构和公民约 100 万人参与到这场契约协商中，分析了当前世界所处形势以及人类在该形势下的困境、机会及发展可能，肯定了教育在回复过去承诺与应对不确定未来中的重要性，提出了革新教育的倡议，呼吁研究、创新、全球团结与国际合作以共建教育的未来。

第二，依存性，揭示了教育变革的要素和各要素间微妙的关系，是行动框架的指南针。报告以人为基点，重新架构地球、环境、教育、技术乃至人与人之间的关系，认为这些因素彼此间是相互联系、相互依存的联结，任何个体的变化都有可能引起总体骤变。如何处理人类与这些媒介的关系？技术丰富信息资源的同时要如何提高辨识力？这一切都是挑战。需要重新看待个体与集体的关系，独立个体必须具有团结合作的意识，人与人之间的协作性需要加强。无疑，构建一段持续发展的关系是不二选择，这从侧面印证了报告中全人类共同参与的倡议。

第三，共益性，阐释了未来教育的根本特质，是行动框架的助推器。从无处不在的危机出发，重新思考人与事物紧密相连的关系，企图借助教育的普遍性和特殊性揭开未来世界的一角。正是由于危机四伏的紧迫感要求发挥集体力量来化解威胁，因此有了教育共同体的理念，多元个体结成网状集体，在不同情境下协作解决问题，营造可持续发展的未来。这是报告结果导向的新颖之处，将教育打造成社会项目，营造一个包容、团结、协作的氛围。

总之，新报告中教育的定位和功能得到接续和改造，达成默示协议即契约生效，教育在革新中完成自身系统的破除与改良，再通过教育作为社会子系统之一的地位迁移至社会体系，营造包容差异的外部环境，构建起正义有序的新未来。

第二节　共同倡议:邀约打造公平而优质的教育

一、教育本质:一项公共事业与共同利益

新的教育社会契约重申教育是公共事业的性质,即它在教育对象、教育场所和教育目的上带有鲜明的公共意味:教育对象上,对所有人负责,以公共教育的形式教育公众;教育场所上,各要素及组合反映、行为都在社会公共空间发生;教育目的上,是为了促进公共利益,也就是教育必须服务于所有人的公共利益。综上,教育是政府作为发起主体在该领域面向全体公民提供的一种公共服务,旨在促进民众可持续发展和整体社会和谐稳定,具有公共、公民和公益三大属性。

作为一项公共事业,新的教育社会契约提出两点来确保其公共事业的地位:一是必须为教育准备足量和不间断的公共资金;二是个体拥有参与有关教育的公开讨论权。教育作为非营利的公共行业,受众数量庞大,需要公共资金的支持,所以要求公共教育事业提供主体和提供方式多元化,构建起政府主管、民众参与、国私共举的公共教育事业服务格局。关于个体的教育公开讨论权,指的是社会上的每个人都能就教育主题公开参与讨论,自由发表言论。

教育除了是一项公共事业以外,还是一种共同利益,全体社会成员享有受教育权,同时拥有教育话语权。新教育社会契约明确:一是"教育使人们体验相同的经历,把人们彼此和世界联系起来";二是"教育治理具有公共性"。教育的本质属性是有目的地培养人的社会活动,基于这样的共识开展育人活动,学习者在类似的场景内进行思想交流与学习,集体授课与相同的学制对应学习者的身心发展规律,为其融入周围伙伴群体,认识世界提供了大体一致的路径,很快就能产生共鸣,联系彼此。教育治理的公共性是指教育的公共社会属性要求教师、学生、家长、社区、慈善组织、企业、行业等多元主体参与治理,构建一种具有包容性和多元化的教育治理框架。其实,新的教育社会契约提出将教育作为一项公共事业与共同利益是教育本质在新时代环境里的

扩展,新的外界环境限制了教育的本质属性不应仅仅是有目的的培养人的社会活动,其内涵在一定程度上被外延——形成培养个体促进公共教育事业发展和谋求共同利益的活动环。人是组成社会的中心,教育是实现个体社会化的活动,作为一项公共事业与共同利益,需要人本着共同利益来参与建设公共教育事业,由此形成闭环,构建教育共同体。

二、教育目的:迈向更公平的教育未来

缔结新教育社会契约是为了营造更公平的教育未来,其本质内涵是教育权从人的生存权发展为终身接受优质教育、进而得以幸福生活的发展权。

教育目的大致有两种分类:一是杜威派主张的"教育无目的"论,认为"教育即生活、生长",是"持续地改造人们的经验",教育自身即目的。二是大多数学者认为教育是有目的的,或是为社会服务,或是为个人服务,或是满足社会需要和个人发展的辩证关系,教育目的体现了教育作为培育人这项社会活动的结果导向。新教育社会契约重新定义教育的目的,认为"教育的目标是将全体人类团结起来,为我们提供塑造以社会、经济和环境正义为基础的,全体人类共享的可持续未来所必需的知识、科学和创新"。[①]以迈向更公平的教育未来为目的,狭义上,指的是教育公平,广义则包括社会整体的公平与正义。一方面,人们依旧不能够完全平等地享有教育权、教育质量堪忧、教育培训机会不足;另一方面,贫困问题突出、贫富差距拉大、数字鸿沟扩大,必须兼顾教育内部的公平以及社会整体环境的公正和平等。如何实现报告里倡议的迈向更公平的教育未来这一教育目的?

要实现社会成员基于共同利益促进共同生活和共同工作的社会目标,这是以往的教育目的中不曾包含的,其内涵是让成员们建立一种未来社会的世界观,对社会产生应有的责任感和使命感,长久地效力于长期的社会建设任务中。作为组成社会系统之一的教育,在社会变革中往往起到关键作用,是人类和同伴、世界沟通的媒介。教育

---

① UNESCO. Reimagining our Futures Together:a New Social Contract for Education.[2023-07-18][EB/OL].https://unesdoc.unesco.org/ark:/48223/pf0000379705.

回馈给社会各种机遇和挑战,通过社会成员间的相互对话和集体行动完成转变。从社会契约的视角来思索教育,关乎着教育内部的运行机构、组织策略、行动原则等组成教育系统的主要结构因子。面对遭遇威胁的地球和人类,必须抓紧通过教育来构建"面向所有人的可持续与和平的未来",这里需要施展教育功能来实现建构更公平的教育未来的目标,即通过发挥教育的个体功能和社会功能来塑造更公平的教育未来。马克思关于人全面发展的学说"剖析与反思了个体与社会发展间的关联性,提出人随着社会向前而发展。人的本质是一切社会关系的总和,人与社会的发展是一致的"。[①]因此,在迈向更公平的教育未来时,首先需要注意的是教育在促进个体发展方面的作用,而后消除社会和教育中存在的不公正现象,直到成功塑造起新的教育社会契约中构想的环境包容开放、社会公道正义、教育平等兼容的持续发展的未来。

三、教育治理:教育利益相关者共同对话和参与

新教育社会契约提出教育治理,呼吁公共对话和共同行动,倡议全体教育利益相关者参与教育治理活动。契约中的教育治理是一种基于生态系统理论和利益相关者理论视域下的全球教育治理观。具体来讲:

第一,在协作友善的教育教学中,构建知识中心的协同学习观。教师、学生、知识之间需要主动建构一种亲密关系,将教学视作一种协作型专业,采用团结合作的教学法进行知识学习、事物反思和创新研究工作,教育者和学习者共同组成求知体,在多样化和差异性共存的学习时空里培养双方相互信任、携手工作的能力。

第二,在包容开放的教育场所中,承认课程、知识和教师是不断发展的。学校、课程、知识和教师处于中心位置,学校是给教师提供课程教授,知识传播的场所,基于包容协作式的学校平台,课程必须是包容差异的开放性课程,源于丰富的公共知识,包含计算、人文、科学、艺术等众多学科,同时,重视教师在学校的主要地位,支持其教学自主性和参与教育讨论的自由,注重教师发展,尤其是专业发展中内容的丰富性和个

---

① 辛蕾.基于近十年来对教育目的现状的探究及思考[J].科教导刊,2018(6):9-10.

体成长的动态连续性。

第三,打造泛在教育时空,提倡多种教育形式并存。保护学校作为主流教育场景的地位,允许机构、社区、数字化类的学习空间存在,这些教育主体基于构建开放持续的教育网络能够相互包容、相互支撑,提供给社会成员正规和非正规的学习机会。为此,国家和社会在和谐的教育生态系统中履行保护的义务,扩大民众受教育权,提供免费的义务教育,加强公共教育资金落实,规范教育供给。

第四,在团结合作的教育行动中,展开公正公平的合作。基于对话和行动的原则,所有教育利益相关者共同努力,制定稳定教育秩序的共同目标和行动指南。教育是一种关于所有人的共同利益,全球公民需要释放创造力和责任感,国家、政府、联盟、大学、机构乃至教师、青年都可以发挥自身的能力,尽可能地参与到这场全球教育治理行动当中,通过对话、合作与伙伴关系建设面向未来的教育。总之,基于教育作为全球共同利益的地位,提倡一种兼具包容性和参与性的治理模式,每个人都需要以契约为起点,在地方、国家、区域和全球层面展开交流,共同行动,为一起重新构想我们的未来集体努力。

第三节　共同行动:缔结职业教育的新社会契约

一、全体践行职教契约新精神

职教契约新精神强调全体成员共同参与建设,需要在意识层面达成一致,切实领会并践行职教契约中内含的新要义。

第一,转变职教发展伙伴关系,凝结成真正的职业教育共同体。职业教育共同体的思路原型是人类命运共同体理念。科学治理是职业教育获得良序发展的关键,融合共生的命运共同体理念同样适用于职业教育改革方案。不少学者坚持以“整体性视域”“场域理论”审视职业教育治理组织,并提出“共治善治”模式,但是在实践过程中多数表现为形而上的假性共治,存在治理结构转型目的不明、政府统筹的内容模糊、市场办学的内涵狭隘、治理结构转型的制度环境衰退等问题。究其根本,主要是共同治理中的各要素分散排列,没有遵循集合秩序,导致职业教育共同体有名义之嫌。因此,职业教育利益相关者必须转变发展思维,作为一个集体通力合作,所有重要的职业教育伙伴应该基于共同的教育信仰与教育目标,在培养职业人与社会公民的活动中形成精神共同体与实践共同体,由衷地认同职教契约中新精神理念,并且在团体里共建这些理念在实践中的含义,由此真正地实现职业教育变革伙伴关系,凝聚坚实共同体的诉求。

第二,"政校行企社"联合先行,进行联通式的对话与参与。"政校行企社"一致先行,需要按照"凝练命运共同体价值——培育各级共同体凝聚意识——职教共同体深度联通参与"的理论逻辑来制定行动策略。新的教育社会契约认为教育是一项公共事业和共同利益,这是对教育本质属性的概括。职业教育是一项公共事业,体现了全体公民的共同利益,构建职业教育共同体需要不断地凝练和优化命运共同体价值,并且将符合时代特征的共同体价值渗透到职教共同体理念中,培育各级共同体凝聚意识,以此来澄清构建职教共同体的终极要义。政府、学校、行业、企业、社会需要具备"共同"和"一致"的意识,政府层具有领先示范作用,应主动构筑共同体组织,凝聚起政府带头的"校行企社"统一体;学校需要主动联手其他组织机构组建共同体,推动学校人才培养和发展。此外,行业、企业和社会组织均为职业教育治理的关键主体,能行使和发挥政府和学校不具备的作用与功能,凸出职业性和技术性,对整个共同体组织起到补充完善作用。一旦各主体认识到在职教共同体中的地位,具备共同体意识,那么就会以共同体的组织结构联通式的对职业教育问题进行深度对话与参与,从而最大限度地发挥组织功能。

第三,保障个体终身受教育权,提供高质量的受教育机会。为构建职业教育契约进行深入而广泛的对话和行动,必须建立在个体受教育权得到保障的基础之上。一般来说,受教育权指向个体不可剥夺的学习权利,随着社会发展,以往规定和主张的生存权和受益权地位渐弱,其中包含了一种新的价值取向——受教育者的自主教育选择。职业教育契约中包含的终身受教育权和高质量受教育机会指的是处于各个年龄段和各个阶层的学习者平等地选择优质教育的权利。将所有个体终身享有优质教育权作为建立职业教育契约的前提和基础,教育提供方需要秉持开放、包容和公平,接纳不同学习者对于知识资源多样的需求和表述，帮助学习者塑造一个多样性和多元化的未来。

二、构建高性能职教系统新生态

构建职教系统新生态可以归结为职业教育体系及其结构问题，为了更好地应对不确定的未来，需要赋予新生态源源不断的创造能力与发展能力。

第一，充分发挥校企合作双重性，建立"双主体"中心模式。2022 年新修订的《中华人民共和国职业教育法》明确指出，职业教育实行政府统筹、分级管理、地方为主、行业指导、校企合作、社会参与，企业可以利用资本、技术、知识、设施、设备、场地和管理等资源，举办或者联合举办职业学校、职业培训机构。由此而知，企业已经从合作者转变成职业教育主要办学主体之一，国家以立法形式规定企业办学职责，鼓励企业参与职业教育，给予一定优待权利。高性能的职教系统新生态应将学校和企业置于系统中心，二者履行的职教职能具有对称性和双重性：学校作为人才供给方和技能需求方，企业作为人才需求方和技能供给方。这就需要校企深度合作，企业将岗位需求、用人标准等职场化的规则多元灵活地贯穿于学校教学、人才培养当中，最终达成学校和企业双向培养的目标。

第二，发挥教师在职业教育中的核心地位，形成双师型教师创新团队范式。教育是面向人的一种复杂活动，为了实现事先预定的教育目的，由教育者和学习者围绕教育活动而进行的各种关系的总和，具有专业性和独立性。正因为如此，教师的工作不可替代，在开展职业教育过程中居于核心地位。职业教育的职业性和技能性要求教师兼具理论和实践能力，即双师型教师团队导向。职业教育契约背景下形成双师型教师创新团队范式的关键是完善"双师型"团队人才培养机制，要给予职业教育教师极大的教育自主权和话语权，尽可能地为其提供所需教育资源引导和帮助其不断提高专业能力。

第三，坚持雇主需求导向和学生中心意识，培养学生可持续发展的未来素养。"雇主导向"体现了校企合作中的主位关系，"雇主"处于主要位置，倡导职业教育要以行业企业需求为导向。我国坚持雇主需求导向需要率先打破学校中心的传统发展模式，破除长久以来职业院校和行业企业的分离状况，让雇主作为需求方合作培养市场需要的职业人才，逐步建立起雇主导向的职业教育人才培养机制。作为雇主的主要培养对象，学生自然处于中心位置，职业教育契约营造的是公平开放的前景，职业人才可持续发展的未来素养培养尤为重要，这必须得到学校、雇主以及学生本身的支持。学校搭建一种共同体形式的教学框架，将合作理念植根于教学过程和目的，并将此作为教学评价的重要部分；雇主在职业能力和工作方式上传达一种团体协作的职业精神，使学生能够关怀他人，重视集体作用，有职业认同感并愿意承担责任，面对颠覆性变化时依旧具备灵活的思考和行动能力，利用包容性、协作力以及团结意识应对不确定未来的本领，以及获得随时代发展不断精进的未来素养等。

第四，接纳和关怀被边缘化的弱势群体，提高职业教育的包容性和适切性。职业教育契约在对话与协商上面向全体，主张全体参与，同样也致力于职业教育公平，其鲜明的技能和职业导向有利于弱势群体掌握一技之长，从而参加社会活动，脱离边缘位置，以此提高职业教育包容性与适切性，促进职业教育高质量发展。职业教育公平问题可以转换为职业教育领域具体的各类教育教学活动、课程教学资源、理论和技能传授等教与习的过程，其中涉及学生、教师、学校、家庭、社区、企业、行业以及政府与各类其他治理组织。职业教育鲜明的公平特色需要上述层级对象的共同构建，在不同治理领域中牵涉到不同治理理念、方式与结果。总而言之，这些治理主体需明确共同目标和愿景，加强主体间的沟通与对话，尽可能多地利用现有资源通力合作，发挥自身职能，建立稳固的合作伙伴关系。

三、开发数字化职教发展新路径

数字化转型背景下，数据、技术与平台正在逐步改变我们的生活与学习方式，推动职业教育朝着和谐、公平与优质方向发展。

第一，数字化技术促进职教知识与技能资源共享，打造数字化的泛在学习时空。泛在式学习强调弱化空间，畅通现实场域和虚拟场域，确保学习可以随时发生。职业教育契约是在遵守秩序与准则的前提下将数字技术融入职业教育整个系统，以数字技术为媒介促进职教论与技能学习资源流通，满足人的全面需求与发展。在数字技术的自我赋能过程中,以数字新基建建设为基础,建立数字化资源共享库,库内信息资源按照类别排列,有效地降低重复资源。院校合作企业建立资源上传和认证渠道,将更多专业知识、实操技能、就业信息共享到资源库,促进数字化资源使职业人才受益。恰当地使用数字技术促进知识和信息资源共享,打造数字化学习时空,给予学习者高质量的教育机会,同时扩大职业教育空间和受教育权,允许职业教育在任何时间、任何地点、任何空间连接任何人,有利于实现职业教育公共性和包容性的教育目标。同时,也要警惕数字技术带来的隐患以及有可能不断增加的数字鸿沟。

第二,依托5G技术营造融合创新的服务式数字平台,以数字技术丰富教育教学手段。职业教育数字化的关键是安全可靠的数字技术,首先应该强化职业院校和产学基地的5G网络技术,既要在横向上加大覆盖率,也要在纵向上把握网络安全稳定,为职业教育数字化转型接入安全稳固的技术线路。鼓励职业院校依托5G技术联合企业搭建完善的校企合作平台,面向学校和企业两大主体打造教学、管理与服务一体的数字化产教平台。该平台以内容为本,不仅满足师生日常学习的需求,还是信息采集和资源流通的平台,一站式解决学生理论学习、实践操作、岗位推荐等需求。同时和国家、省级数字平台形成优势互补,所有内容共建共享,互相联通,最终实现平台和课程、教学资源、企业用工、产教成果的双边连接,促成数字平台下职业教育要素流转和创新发展。数字技术同样可以引申至职业教育实践场景。"职业教育教学场域的高仿真度要求学生具备在仿真场景中化解真实工作难题的能力,校企需通过共同开发的在线课程、仿真实训软件和教学实训案例库等方式提高学生解决未来工作岗位任务的综合职业素质"。[①]因此,要将数字技术和真实的工作场域连接,构建虚拟仿真实训环境,打破理论教学和实践操作的壁垒,让学生在实践课堂里将专业理论应用于实际操作,实现理论教学过程、实践操作场景、虚拟仿真技术的沟通运用。

第三,以数字技术为生存背景,在价值共生理念下催生数字化组织,培养生涯型高素质技能人才。开发数字化职教发展新路径涉及多个范畴,需要这些领域共同合作

---

① 陆宇正,汤霓.数字化时代新基建重塑职业教育生态系统的挑战与因应[J].职教论坛,2022(8):11.

建设才能实现可持续的职教数字新生态。要基于价值共生理念构建数字化组织,将职业教育数字化转型倡议转化为学校、资源、教师、学生、平台和企业组成的共生结构,通过权衡和优化六大组织结构实现生涯型高素质技能人才的培养目的。在共生组织结构中,学校和企业是管理者、架构者和服务者,根据数字社会对技能型岗位设定的标准和需求来制定人才培养规划,以校企合作的形式制定行动方案,借助数字化平台实现师生之间资源转换,有重点地分层推进工作。资源是重要媒介,有知识资源、信息资源、物力资源等多种类型,校企、师生在鉴别和选用资源的过程中需要注意培养目标,即数字社会对数字化人才需求背景下数字能力和意识的能力目标,资源内容也应该依托数字平台转换为数字情境中互动、开放的内容。师生是组织的重要内核。教师作为推动者的角色应具备数字化教学理念和能力,灵活地穿插数字教学内容,将数字化信息、课堂设计、互动评价贯穿全部教学环节;学生作为实践者和受益者需在数字化学习情境中依托开放、多元、差异化的学习资源习得数字素养,适应数字化转型,逐步形成协同、互助、开放、包容的数字时代学习特征。平台是组织的主要载体,数字化平台能够精准配合数字化社会发展和技能人才培养改革,面对发展需求调整资源策略,适应产业需求和岗位标准。在平台建设中要注意数字化资源的合理使用,不断开发支持数字化平台的教学情境,使平台作为数字化转型载体为资源流转提供夯实的基础。在共生组织的领导下,各种资源以隐性和显性形式在实体间传播与交换,学习者认识到生涯教育的必要性,达成培养生涯型高素质技能人才目标,形成泛在、持续和终身的数字学习时代。

第六章　我国技能型社会建设的标准体系与优化路径[①]

第一节　技能型社会建设的标准体系

建设技能型社会是新时代国家发展战略，明确技能型社会的建设标准有利于明确我国技能型社会建设的发展思路、方向及建设任务。技能型社会标准体系是指构建技能型社会的依据与准则所构成的有机整体，也是衡量技能型社会是否建成或完善的方向指引。

一、标准体系的构建原则

为确保指标体系能够科学、客观地反映技能型社会建设水平与程度，进一步明确技能型社会未来发展方向，标准体系构建应遵循以下原则：

第一，科学性与合理性。科学性是指符合事物发展的规律，是技能型社会建设标准的基础原则，主要是指是否符合社会发展规律。合理性指的是建设标准能否准确反映出技能型社会的内涵及其发展要素，符合技能形成条件。

第二，全面性与全程性。技能型社会建设是一个全社会参与的过程，因此，标准体

---

① 贾旻,王慧泽.技能型社会建设的标准体系与实践路径[J].中国成人教育,2023(22):17-23.

系构建要考虑多元利益相关主体,从政府、行业、企业、院校等主体基于不同职责的相关衡量角度。技能型社会建设还是一个长期复杂的系统工程,覆盖社会发展的全过程,考虑到社会发展不同阶段针对技能的不同需求,将技能培养与使用贯穿全过程。

第三,发展性与引领性。技能型社会建设是一个动态发展的过程,因此,标准体系的构建要与时俱进,反映实际的技能需要对技能型社会建设的要求,从而起到导向、预测的作用,指引技能型社会建设向正确、高效的方向发展。

二、标准体系的内容阐释

在技能型社会背景下更加强调技术技能的价值以及技能人才的重要性,即社会地位大幅提升及其占比大幅提高,反映在具体标准维度则涉及社会认可的技能环境与技能人才数量上的后续储备及质量上的可持续性提升,结合前文技能型社会概念界定,技能型社会以培养技能人才为主线,而技能人才的培养又离不开社会环境、技能供给体系的支撑,因此,技能型社会的建设标准维度可从技能文化建设度、技能养成衔接度、技能人才适应度三个方面来划分。其中,技能文化建设度是技能养成衔接度、技能人才适应度的价值取向与目标指向,良好的技能文化氛围能够为技能人才的培养提供文化支撑;技能养成衔接度是技能文化建设度、技能人才适应度的实践基础,畅通的技能培养体系能够为技能人才的发展提供体系支撑;技能人才适应度则是衡量技能文化建设度、技能养成衔接度的质量维度与最终目标,技能人才社会性顺利转化意味着实现技能的良好循环。三者共同构成技能型社会的有机统一整体,彼此之间相互联系、互为依存。

(一)价值取向:技能文化建设度

维果斯基社会文化历史理论认为,人的心理机能是由低级到高级的过程,这一过程离不开社会关系与文化历史的影响,社会历史文化构成心理机能发展的中介,因此,社会技能水平的提高、个人技能的习得离不开一定的社会文化影响,换句话说文化环境是影响整个社会价值取向、风俗习惯以及观念喜好的重要因素,"人与文化是同一的,这也就决定了技术与文化是不相分割的"。①技能型社会建设离不开技能文化的支撑。技能文化既是以技能为核心内容的文化,也是技能型社会建设的目标取向。技能文化为技能型社会建设奠定环境基础,即通过是否具有尊重技能、学习技能、崇尚技能的浓厚技能文化氛围来衡量技能型社会建设是否达成。

技能文化建设度将从技能精神文化、制度文化、物质文化三方面加以衡量,体现了技能型社会技能文化标准体系内外结合。第一,技能精神文化。它是社会群体共同信守的基本信念、职业道德素养、精神风貌等,是技能文化的核心和灵魂,是形成技能制度文化、物质文化的基础与原因。个体能够从心底认同技能、社会群体认可技能,不再唯学历论英雄,那么就可反映出社会整体对技能文化的全面接纳。第二,技能制度文化。是对社会群体成员具有规范性、引导性的部分,是针对技能发展在制度层面的具体体现,一定程度上反映技能精神文化,同时又塑造技能精神文化,比如是否具有完善的技能大赛制度、是否具有规范的技能等级制度、平等的技能人才保障制度等。第三,技能物质文化。是通过技能所创造的物质产品来体现技能文化,通过一定的基础设施来展现,是技能精神文化与制度文化的外在表现和载体,也是物质基础,比如是否具技能创新特色的物质展览馆、是否具有普遍化的技能训练、实践场所。如果社会能够从多方面体现技能精神文化、技能制度文化和技能物质文化,则意味着其已经具备良好的技能文化氛围,可以满足建设技能型社会的技能文化需求。

(二)实践取向:技能养成衔接度

人是社会的主体,技能型人才是建设技能型社会的重要支撑。《"技能中国行动"实施方案》明确提出,"形成一支规模宏大、结构合理、技能精湛、素质优良,基本满足我国经济社会高质量发展需要的技能人才队伍"②,"'人'始终是技能型社会建设的中心,一切应以人的需求和人的全面发展为出发点"。③技能人才培养是技能型社会发展

---

① 尹睿.文化取向的技术哲学:当代学习环境研究方法论的新路向[J].现代教育技术,2010(11):5-9.

② 人力资源和社会保障部."技能中国行动"实施方案[EB/OL].http://www.gov.cn/xinwen/2021-07/06/content_5622643.htm.

③ 唐智彬,杨儒雅.论我国技能型社会的结构与运行机制[J].中国职业技术教育,2022(6):11-21.

的出发点与落脚点,技能人才的成长过程即为技能新手向技能大师的转变过程,实质上就是通过技能的获得与应用转化以此促进生产连续性创新,进而实现技能型人才增值,个体技能得到进一步提高,技术技能型人力资本得到可持续性积累,而这一过程离不开技能培育组织与技能成果的顺利转化,因此可以根据技能培育组织衔接度与技能表征衔接度的现状来衡量技能人才的培养现状。

第一,技能培育组织的衔接度。技能培育组织从个体发展时间段来说主要包括职前的职业学校教育和在职、职后的职业培训。从空间范围来说主要包括职业院校(主要是指职业学校与培训机构)、劳动力市场以及企业。具有良好衔接度的技能培育组织,首先能够有效提供一体化的育人体系。从纵向发展来说具有完善的中职、高职、职业本科、专业硕士、专业博士一体化的职业教育体系;从横向发展来说具有畅通的人才类型发展转换渠道,提供不同类型的职业教育培训机构,满足不同类型人群需要,打通职前、在职、职后的人才发展通道。其次,能够提供完善的市场环境支持。技能人才的发展离不开劳动力市场运作与企业组织的需求,劳动力市场是劳动力流通或买卖的领域,企业是市场经济活动的主要参与者,二者都是技能人才就业求职的组织载体,平衡好技能人才供给结构与劳动力市场需求结构,才能顺利实现个体技能的应用转换。而随着经济格局不断变化,人才流动频繁,劳动力市场与企业对技能人才综合素质不断提高,因此技能人才的发展需要劳动力市场与企业的支撑,提供良好的就业环境,培养其所需求的技能人才。比如将企业参与职校合作规模数量、质量,技能资源配置均衡度等方面作为衡量标准。如果技能人才发展通道畅通,则有"个体来讲是收益增加;社会来讲是社会劳动生产率的提高、社会劳动力资源动态合理配置以及社会福利的增加;企业来讲是企业效益的提高"[①]的效果,也就意味着可以满足技能型社会人才要求。

第二,技能表征的衔接度。技能表征就是技能习得成果达到预期目的的顺利呈现。首先,表现在主体衔接度。从国家角度来说技能型社会条件下国家资格框架建设进一步发展,横向上将普通教育、职业教育(培训)、社会教育等不同类型教育进行整

---

① 马振华.我国技能型人力资本的形成与积累[M].北京:中国物资出版社.2009:77.

合,将正规教育与非正规教育结合,明确对应资格等级;纵向上完善不同等级之间的学历资格认证的统一标准,能够为不同等级之间的衔接提供制度保障。从行业资格框架来说,不同类型的各行各具有符合自身发展的行业等级标准,并且不同行业等级标准之间能够进行成果转换与对接。从企业标准来说,内部具有完善的技能等级规定,能够与行业、国家标准相对应。其次,表现在内容衔接上。社会主体通过不同方式所获得的学习成果具有一定的量化标准,且所获得的资格证书能够有效进行衔接,包括学历证书、职业资格证书、职业技能等级证书以及非正式学历成果的认可与衔接。因此技能表征衔接度可以通过技能学习成果认定与转换制度是否健全, 学分银行设置的覆盖面是否平衡等方面来衡量。

(三)质量取向:技能人才适应度

技能人才质量主要指培养的技能人才是否合格, 是衡量技能人才培养目标是否实现的目标指向。技能人才质量适应度可表现为社会整体对技能人才的满意程度,如果社会对技能人才满意程度较高则技能人才质量较高,反之则相反。

第一,技能人才结构要满足社会发展需要。首先,技能人才数量要符合社会发展需要。基于当前我国产业结构调整以及科学技术的快速发展,对技能人才的需求逐步增加,而我国技能人才短缺现象由来已久,因此衡量技能型社会是否建成,要看技能人才数量短缺问题是否得到解决;其次,技能人才层次结构要符合社会发展需要。我国对高技能人才需求越来越高,"十四五"期间,东部省份高技能人才占技能人才比例达到 35%,中西部省份高技能人才占技能人才比例在现有基础上提高 2—3 个百分点,[1]而从 2022 年第二季度全国招聘大于求职"最缺工"的 100 个职业排行最新数据统计得知,我国制造业缺工状况持续,电子信息产业缺工情况较为突出,[2]高技能人才已成为我国迫切急需人才,但随着零工经济的兴起,短期及时的技能培训方式逐步受

---

① 人力资源和社会保障部."技能中国行动实施方案"[EB/OL].http://www.gov.cn/xinwen/2021-07/06/content_5622643.htm.

② 人力资源和社会保障部.2022 年第二季度全国招聘大于求职"最缺工"的 100 个职业排行[EB/OL].http://www.mohrss.gov.cn/SY rlzyhshbzb /dongtaixinwen/buneiyaowen/rsxw/20220 70722_478921.html.

到青睐，技能人才可持续性发展受到挑战，而高技能人才的培养却是长久培育的过程，因此衡量技能型社会是否建成，要看技能人才层次结构问题是否解决。比如将低级、中级、高级技术人员就业结构比，第一、二、三产业技能人员就业数量比作为衡量标准。

第二，技能人才质量是否满足产业需求与企业需要。随着新兴产业的兴起，高科技、创新型等服务行业在我国经济结构中的比重越来越高，与之相适应，一方面技能人才个人能力要求也越来越高，既要有基本能力，又要有核心能力，符合各行各业对个体发展复合化需求；另一方面需要技能人才类型化发展，培养不同技能型人才，尤其是不同行业领域的特色技能人才。因此，衡量技能型社会是否建成，要看技能人才质量不优问题是否得到解决。比如将技能人才专业对口就业率、杰出技能人才数量及获奖占比作为衡量指标。

表6-1 技能型社会建设的标准体系核心要素表

一级指标	二级指标	三级指标
技能文化建设度	技能精神文化	技能人才、劳模宣传度 社会群体技能认可度 个体技能认同度
	技能制度文化	完善的技能大赛制度 规范的技能等级制度 平等的技能人才保障制度
	技能物质文化	产品活动展览度技能训练、实践场所建设度
技能养成衔接度	技能培育组织的衔接	育人体系一体化衔接度 校企合作度 资源配置均衡度
	技能表征的衔接	学习成果认定与转换度 学分银行设置覆盖面
技能人才适应度	技能人才结构	低级、中级、高级技术人员就业结构比
	技能人才质量	技能人才专业对口就业率 杰出技能人才数量及获奖占比

第二节　我国技能型社会建设的优化路径

一、以制度为基础，弘扬技能文化，形成社会新氛围

文化是影响技能型社会建设重要因素，技能型社会的发展并不是一蹴而就的工程，其渐进发展离不开良好的技能文化氛围，而技能文化的传播与内化关键在于实现社会环境中技能文化的主导与技能文化的自觉。在这一过程中则需要通过社会不同主体制定技能保障制度来潜移默化地提高技能地位，形成尊重技能、重视技能、崇尚技能的社会新氛围，进而保障技能人才利益，有效牵引技能型社会建设动力有序做功，为技能型社会建设提质增速。

（一）多途径营造崇尚技能文化的社会氛围

第一，大力宣传工匠精神、劳动精神和劳模精神。古人有云：三百六十行，行行出状元。在自己的岗位作出贡献正是工匠精神、劳动精神和劳模精神内在价值的重要体现，能够为各行各业的技能人才起到带头引领作用。例如在 2021 年十大劳动模范人物宣传中，通过了解个人事迹起到榜样示范作用，营造劳动光荣、技能人才宝贵的社会风气，吸引更多的优秀青年加入技能人才队伍当中。

第二，丰富技能文化宣传方式。一方面丰富内容宣传，比如举办特色企业文化表彰活动，形成独特的企业品牌形象；宣传世界青年技能日，举办青年技能比赛活动；挖掘优秀文化传统技能大师，继承、发扬中国优秀传统技艺；另一方面丰富宣传途径，比如开展 3D 模拟学习技术，利用博物馆、少年宫等场所宣传技术技能人才和高素质劳动者的先进事迹与重要贡献；开展技能园地、特色产地旅游等。

第三，发挥学校的宣传作用。学校是培养技能人才的重要场所，从职业启蒙做起，树立正确的职业观、人才观；通过相关课程的学习及培训活动的实践，帮助学生树立劳动光荣、技能光荣的观念，尊重技能、尊重技能人才，激发青年一代学习技能、投身技能，未来从事技能工作。

（二）点线面结合，完善技能保障制度

现阶段我国针对技能社会以及技能人才发展提供了一定的政策指引，但是没有形成体系化的保障制度，由此带来社会群体对自身前途的担忧与不信任，基于此，应在构建技能型社会过程中要充分考虑技能保障制度的全面性，将技能社会的建设愿景转化为经济待遇、政治待遇、社会待遇的提升与人才队伍的建设。

第一，以经济制度保障为点。经济发展是社会的基础，也是技能人才生活的基础保障，应掌握好经济这一"点"，去除经济后顾之忧。国家进一步激发劳动、技术等生产要素按贡献获取报酬的机制，政府不断完善收入分配改革制度，社会完善职工薪资收入制度，保障技能人才的合理收入，提高技能人才经济地位。

第二，以政治制度保障为线。政治保障能够确保技能型建设发展的长期战线，确保技能型社会发展不动摇。国家应设立技能社会建设相关的政府组织机构，提供其参与国家事务、提出发展自身建议的机会，组织制定技能型社会规划发展制度，并通过相关机构合理协商确定政策的执行。同时提高一线劳动者、高技能获奖者参与代表大会的人数比例，提高技能人才政治地位。

第三，以社会保障制度为面。通过社会基础保障，促进技能社会建设的全方位发展。完善人才培养一体化制度，保证社会群体技能培训时时、处处可学；完善技能人才流动与竞争制度，减少不公平现象，比如解除户籍制度、住房制度、入职事业单位等对技能人才的限制；完善技能创新保护制度，保证技能人才创造积极性，提高技能人才社会地位。

第四，以队伍保障制度为基。技能型社会的发展离不开专业人才队伍，诸如各行各业的技术技能人才代表、不同教育领域的策略制定者以及社会机构工作负责人等，因此应建立相应的专业人才教育与培训制度，严格筛选专业队伍，满足技能型社会理论的顶层发展需要，促进技能型社会建设的实践性发展。

二、以职责为基础，强化主体合作，形成社会新格局

技能型社会建设是一个长期发展的过程，需要政府、行业、企业与学校共同发挥元多力量，明确各主体之间的不同职责，相互合作，致力于技能人才培养、技能型社会建设，形成多元主体相互沟通、协同配合、紧密合作的社会新格局。

（一）明确主体地位，履行主体职责

第一，政府应当在技能型社会建设中居于主导地位。一方面政策与制度的制定应当与区域发展相协调，因此在国家顶层设计明确的情况下，地方政府应当将国家统一规定转化为适合自身发展的具体制度，并根据区域特色制定有利于展现当地技能风貌的政策，激发地方对技能型社会发展的积极性；另一方面政府要跳脱于制定法律法规的局限性，加强政府对政策的执行力度，做到各级各类政府具体行动上的参与，形成技能型社会建设的核心组织与专业机构，做到理论与实践相统一。

第二，行业应当在技能型社会建设中居于指导地位。积极借鉴国外行业协会发展经验，制定行业协会标准，引导行业协会参与其他主体与企业之间的沟通，充分发挥中介作用，促进信息资源流通，发挥授予管理技能等级证书的权力，发挥行业监管与服务职责，提高行业指导地位。

第三，企业应当在技能型社会建设中居于主动地位。技能人才最终需要走向劳动力市场来实现个人价值，能否将技术技能转化为实际成果为自身赋能、为社会创造效益需要市场的检验。基于我国目前仍缺乏配套措施落实企业作用的发挥，导致产业面临巨大的人才缺口，[1]造成技能人才与劳动力市场、企业需求相脱节，无法将自身技能资本优势成功转化。对此企业应营造良好的企业技能文化氛围，提供技能人才实践平台，建立职业技能等级与薪酬直接挂钩的制度，增加技能生产要素在劳动分配中的比重，以此来提升员工素质与技能水平，[2]进一步提高企业育人、培训的积极性，发挥企业的主动性，鼓励企业深入校企合作，共同参与人才培养，提供相关实训师资、场地，提高市场用人质量。改革、创新企业内部学徒制发展，发挥传帮带传统，利用新技术平台实现数量上的质变。

第四，院校应当在技能型社会建设中居于基础地位。职业院校作为我国技能人才育人主要场所，应当承担建设技能型社会的基础任务。在技能社会建设中，要加强职

---

① 吴向明，詹佳丽. 我国技能型社会建设策略研究——基于 OECD 国家技能体系治理的启示[J].浙江工业大学学报（社会科学版），2021(4):431-437.

② 马海燕，姜乐军，朱震震.新时代高技能人才培养的基本经验、主要困境与突破路径[J].教育与职业，2022(8):44-49.

业院校与培训的基础地位,明确人才培养方案,做好专业与产业对接、教学内容与职业标准对接、教学与生产过程对接,解决产学脱节,促进校企精准对接,职业院校发展实现由数量到质量的转变。

(二)相互合作,构建发展共同体

在主体履行职责的基础上,相互合作。政府、行业、企业、学校四者具有内在的联系,共同构成一个系统性整体。

第一,政府与行业、企业、院校属于管理者与被管理者的地位。政府作为管理者应当发挥其统领作用,保证政策法规的执行、提供资金与技术人员的支持,宏观统筹资源分配,促进资源公平分配,控制市场恶性竞争,满足行业、企业、院校各方需求。

第二,行业、企业、院校处于平行关系,且彼此之间相互联系。行业协会是企业领域的代表,通过行业协会了解企业、市场需求与发展趋势,利用自身优势协调政府、企业之间的联系,从整体上把握经济发展走向,做到信息流畅,促进人才供给与行业需求相统一;通过行业协会信息,引导学校人才培养方向,关注企业实际用人需求,院校通过人才培养反哺于行业协会与企业;企业与院校既有统一之处又有矛盾之处,统一性表现在共同育人、服务于经济社会发展,矛盾性表现在院校本质是育人,而育人是一个长期的过程,但是企业用人追求效益,关注利益追求讲求人才技能的快速变现,而这也成为当前校企合作中校热企冷的原因之一,因此需要加强二者合作,寻找共同利益结合点,建立沟通的平台与机制,缔结契约明确合作职责,实现优势互补,做到院校人才输出与企业人才接收相平衡。总之,政府、行业、企业院校各自职责要得到最大程度的发挥需要四者之间相互合作,彼此联系。

三、基于职教一体化发展,构建育人体系,提供社会新动力

《国家职业教育改革实施方案》中构建现代职业教育体系,推进高素质、高层次、高技能人才培养是其关注的重点内容。《关于推动现代职业教育高质量发展的意见》中明确指出要推动不同层次职业教育纵向贯通、促进不同类型教育横向融通,实现现代职业教育高质量发展,二者都强调了职业教育体系的重要性。加强职业教育一体化的育人体系、提高职业教育体系质量是社会整体技能水平提高的基础,也是满足技能

型社会所需的灵活、畅通人才队伍的基础来源,为社会发展提供新动力。

(一)构建一体化育人体系

完善的职业教育育人体系是保障人才高质量发展的基础。首先,从纵向发展来说,打通"中等职业教育—职业专科教育—职业本科教育—职业研究生教育"的通道,明确各层次职业院校技能型人才培养方向,避免与普通教育育人目标重复,走向研究型的人才培养;明确各层次职业学校招生门槛,规范入学考试制度,满足不同阶段学生能力逐层深化的要求;合理布局中高职院校数量,提高院校办学质量,以杰出院校作为学习典范。其次,从横向发展来说,融通各类型教育,将职前、在职、职后教育相衔接,通过继续教育满足技能人才不同发展阶段的学习需求,加强企业行业与社区学院、开放大学等机构合作,让技能学习渗透到社会各个层面;加强企业参与技能人才培养的积极性,提高企业的主体责任,为技能人才"制定系统的规划,明确生涯发展每个阶段的能力发展目标,并给予针对性的指导与帮助"。[①]此外针对弱势群体,进一步加强特殊教育普及化、普遍化,提供平等的技能培训机会。再次,从空间合作来说,加强东西、南北之间的育人合作,开展多项跨区域技能人才培养项目与交流会,提供技能人才培训机会,积极探索建立校校协同、校所协同、校企(行业)协同、校地(区域)协同等开放、集成、高效的协同创新机制。[②]

(二)完善系统化课程体系

职业教育课程体系是人才发展的核心。纵观我国职业教育课程历史发展,经历了从国外借鉴模仿到本土化课程模式探索再到具有中国特色的职业教育课程体系的过程,"职业教育课程改革的历史就是学科本位课程逐步解构,实践本位课程逐步确立的过程"。[③]基于职业教育职业性的本质特征,在内容选择上既要突出专业课程技术技能的培养,也要突出文化课程核心素养的培养,扩展实践课程设置,加强实训操作;在

---

① 郝天聪.指向一体化的高质量职业教育人才培养路径探析[J].中国职业技术教育,2022(7):18-22.

② 卢晓中,吴结.职业教育人才培养适应性评价指标设计及其应用路径[J].教育发展研究,2015(1):76-79.

③ 石伟平、匡瑛等.中国职业教育改革40年[M].北京:科学教育出版社.2018:136.

建设方式上注重将学校与企业、行业相结合,设置产业链紧缺急需专业,提高专业适应度,动态调整职业教育专业教学资源库,整合社会资源,与时俱进;在类型开发上,积极开展现代课程模式,与经济社会人才发展方向相适应,优化项目课程,发展行动导向理念的课程设计;在衔接层次上,既要做好不同教育阶段课程内容层次的衔接,也要做好学校教育课程与职业培训内容的衔接,避免重复学习,资源浪费。

(三)畅通国家资格体系

从目前情况来看,我国不同类型教育之间、不同等级层次教育之间资格等级转化仍然处于摸索前进阶段,职教高考、学分制度、技能等级评定与转换,也并没有达成全国范围内的通行、一致认可的状态,容易阻碍技能人才社会流通,技能人才的挖掘与使用受到蒙蔽,因此需完善资格等级体系,促进学分认定、积累与转化。一方面,设立相关机构与部门,制定统一的等级划分标准,规定不同类型学习成果转化率,明确国家、行业、企业等不同主体在资格等级方面的权利与义务,规范第三方评价职能,促进技能人才评价等级评定,进一步完善国家资格框架的建设,推动 1+X 证书制度发展;另一方面确保机构资质,提高不同机构的证书公信力,做到不同类型教育之间学习成果核心内容相适应,能够互通有无,有效转化,提高技能人才学习成果社会认可度,保障技能人才应有待遇,以此促进技能人才发展的过程平等、机会平等、结果平等,满足不同类型的技能人才的要求。

第七章　技能型社会建设背景下职业教育价值反思

第一节　"文凭社会"到"技能社会"：我国职业教育如何担当？

一、文凭与文凭社会

文凭在我国旧时指官府发给的证明文件①或官吏赴任作为凭证的文书②，现在指的是个体接受教育或训练所取得的一种学历凭证，意味着个体拥有过一段或正规或非正规学历经历。从价值视角分析，文凭具有内在价值与外在价值，前者是文凭持有者具备一定的专业知识、专门技能以及其他良好素质，后者是被社会认可与否所产生的效应。内在与外在价值共同决定了"文凭"证书的社会存在。与此同时，文凭还被赋予不同层级和类型，表征个体所接受的教育水平和教育内容的差别。其中不同层级代表不同教育阶段，如小学、中学、大学等，不同类型意味着不同学校或名声，如普通学校与职业学校、技工院校，普通学校与优质校，普通高等学校与"双一流"建设高校，等等。

文凭社会是表征个体受教育程度和类别的文凭成为劳动力市场求职通行证的一种社会形态。进一步解释，文凭社会中的文凭具有两种主要功能：一是筛选功能，所代

---

① 三民书局大辞典编纂委员会.《大辞典》[Z].台北：三民书局,1985:1960
② 辞海编辑委员会.辞海[Z].上海：上海辞书出版社,1979:3512

表的是不同水平的劳动者智力以及未来生产率和可塑性的重要信号。相对于其他信号,如年龄、性别、种族、经历等来说,文凭是一种最有效且相对公平的信号。通常情况下,雇主无法获得求职者未来生产能力的完全信息,因此,文凭成为劳动力市场上的一种筛选工具,帮助雇主把符合自己要求的雇员从求职者中识别出来。①二是社会分层与流动功能。知识经济影响下,高文凭已经成为社会分层与流动的关键要素,成为个体改变命运的主要路径。在美国社会学家柯林斯看来,现代社会中文凭成为人们提升自我社会地位的"文化货币",成为社会组织分配资源的借口。随着教育普及化乃至大众化时代的来临,教育系统发放的文凭数量逐渐超出社会需求量,供大于求时,文凭被赋予的社会含义逐渐异化出现贬值。某个层次文凭的价值贬值,人们追求更高层次的文凭。由此进一步加剧膨胀的循环和对于文化资本的竞争。

二、"文凭社会"变革:转向"能力社会"表征的"技能社会"

随着教育系统的开放,教育膨胀逐渐成为一种国际普遍现象。经过 40 余年高考选拔和文凭授予,我国迈入"文凭大国",告别"文凭短缺"时代而进入"文凭相对过剩"时代。"文凭短缺"时代,文凭持有者,即便不具备相应能力也可以凭此获得"文凭收益",但是,当文凭供给进入相对过剩时代,文凭持有者人数远远超过可提供就业岗位数时,文凭的符号表征将被弱化,取而代之的是回归教育本质,即把接受教育、获得文凭视为知识、技能与能力储备的过程。那么,以文凭为主、职业资格证书为辅的人才评价和选拔时代将面临变革——从"文凭社会"向"能力社会"转变,这将深刻地改变着社会以及每个人。

能力既是教育学也是劳动经济学的重点考察对象。传统研究通常将能力等同认知能力,并认为能力完全由先天基因条件决定。新近研究对此提出挑战,将能力分为认知能力与非认知能力,并同时由基因及后天环境决定。个体在完成任何一项任务时,受认知能力、非认知能力、努力程度、行为动机等多重因素影响。1976 年,经济学

---

① [美]迈克尔·史潘斯. 筛选假设——就业市场信号[A]. 西方教育经济学流派[M]. 曾满超、曲恒昌等译.北京:北京师范大学出版社,1990:212-231.

家 Bowles 和 Gintis 提出"非认知能力"概念,认为个体的能力可以分为认知能力和非认知能力,后者对个体学业成就和在劳动力市场中的收入具有重要影响。近年来,人力资源和社会学界学者把研究视角由认知领域转移到了非认知领域,开始探索非认知能力对个体发展的重要作用。普遍认为,认知能力决定着个人的教育获得及职业成就,能够提高个体经济行为的效率;非认知能力作为认知能力的重要补充,对个体经济产出的影响和认知能力一样重要。①

如前所述,技能社会指的是具有浓厚的技能文化氛围,以技能人才培养为核心,以社会群体技能促进国家整体技能水平提升为追求的新型社会形态。技能社会具有的技能性、开放性、合作性等特征,从某方面体现了文凭持有者应具有的综合职业能力与素养。

第二节　我国职业教育实践的价值迷失②

职业教育价值的理想设计与实践存在一定程度的偏差。表现为职业教育目的、培养目标、内容实施以及评价等方面工具理性与价值理性发展失衡。

一、职业教育目的人本性实践不足

职业教育目的是关于职业教育究竟要培养什么人的理性思考,指导着职业教育实践。"实业论""生计论"③"国家战略目的论"这几种经典职业教育目的论始终围绕着实业、生计与国家战略展开,具有浓厚的功利性和工具性。20世纪90年代以来,相关法律法规从思想道德、职业道德、职业知识与技能、全面发展、增强受教育者的社会责

---

① 周金燕.非认知技能的概念及测量进展[J].全球教育展望,2020(5):53-66.

② 贾旻,王慧泽,王珏.终身教育视域下职业教育实践价值的迷失与回归[J].江苏高职教育,2022(2):36-43.

③ 庞国辉.职业教育应该具有教育的意蕴——基于经典职业教育目的论的考察[J].继续教育研究,2019(5):69-74.

任感、创新精神和实践能力等方面对职业教育目的做出规定,文本层面上体现着个体全面发展的价值取向以及对人的关注和尊重。

但是,上述以人为本的价值导向并没有获得真正践行,表现为"教育性"与"人文性"缺失,学习者的获得感和幸福感明显不足。职业教育在技术技能至上理念指导下,片面地关注学生职业知识与职业技能训练,寻求职业教育如何更好地服务于产业发展和市场需求,但是,如何帮助学生成人、如何幸福生活,如何获得全面发展的教育性不足。在当前社会就业环境严峻、人才竞争激烈、结构性就业矛盾凸显的时代背景下,学习者接受职业教育以解决就业为主,注重短期利益,将教育等同于技术培训,忽视可持续发展要求,将自身变成一种"工具",将导致人的发展的单向性。人与技术、社会被割裂开,既没有挖掘技术技能的人文精神,也没有在技术技能训练中给予人文关怀,职业教育成为一种没有温度的被动式学习。

二、职业教育办学的经济价值取向

职业教育培养目标规定着人才培养的质量、标准、规格和水平等。当前国际范围内,职业教育存在"就业导向""升学导向""生涯导向"等多种选择。我国中等职业教育正在经历"就业导向"到"就业与升学并重导向"的转变,高等职业教育以"(服务)就业导向"为主要选择,这些以就业为主的结果导向性培养目标显然忽视了人的存在以及职业教育的"多重社会效益",[1]有失偏颇。

一方面"就业导向"被简单转化为"促进就业"甚至是"解决就业"。与普通教育相比,职业教育是横跨"职业域""技术域""教育域"与"社会域"[2]的教育类型,"就业导向"体现了服务经济社会的市场导向,是职业教育的特有属性。但是,"教育本身并不产生劳动力需求。它也不能解决结构性失业的问题"。[3]"教育性"仍是职业教育的本质

① 和震,谢珍珍.就业不是职业教育的终点:职业教育的经济决定论驳析[J].中国高教研究,2018(10):42-48.

② 朱成晨,闫广芬.精神与逻辑:职业教育的技术理性与跨界思维 [J]. 教育研究,2020(7):109-122.

③ UNESCO (2021). Reimagining our futures together:A new social contract for education [EB/OL].https://unesdoc.unesco.org/ark:/48223/pf0000379705.

属性,"成人"及"成为职业人"才是其主要培养目标。另一方面职业教育以"就业导向"来凸显学生就业能力培养的重要性,但是将"就业能力"视为核心乃至唯一目标是不妥的。就业是人在社会中生存生活的主要方式,强调人的技术技能专业化培养,即"职业性"无可厚非。但是,若以就业作为核心追求,以"提高学生就业率"为主要目标,容易忽视学生的就业质量和职业生涯发展。此外,除了就业与工作,人更需要幸福生活。职业教育的成功与否不能仅以学习者是否成功就业作为唯一衡量标准。

三、职业教育内容实施的功利取向

我国职业教育内容主要围绕着学生的思想道德、人文素养、科学素养及职业素养进行设计。从教育内容设计和相关文本表述来看,兼顾了个体全面发展与社会需求,但是,在实施过程中出现一定偏离,表现出很强的功利主义倾向。

课程是职业教育内容的主要载体。我国职业学校开设的课程涉及公共基础课、专业基础课、专业方向课三个模块。无论是教师还是学生,均没有对公共基础课从内心给予足够的重视,其旨在"培养学生综合素质为主,兼顾服务专业教学和学生可持续发展"之需的"育才"目标并未达成。相比较而言,师生更偏重于专业性、实践性课程以及教与学;即使如此,又出现下述问题,即重视理论知识的学习或单纯的技能训练,忽略对学生情感、态度、价值观等文化素养的过程性培养。这样的学习在人本主义者看来只涉及心智,是一种"在颈部以上"发生的学习,它不涉及感情或个人意义,与完整的人无关,属于无意义的学习,也不符合我国高素质技能型人才培养目标,"教育不仅关系到获取技能,还涉及尊重生命和人格尊严的价值观"。[1]

四、职业教育评价的社会本位倾向明显

审视我国职业教育评价指标体系、评价过程等,发现人的价值维度的明显缺失,"职业教育蜕化为只按照技术合理性进行机械式传授知识技能的工具"。[2]

① 联合国教科文组织.反思教育:向全球"共同利益"的理念转变[M].联合国教科文组织总部文科.教育科学出版,2017:29.
② 李丰园.当代职业教育价值的人学思考[J].教育评论,2019(9):39-42.

从目前开展的中职学校办学能力评估、高职院校适应社会能力需求评估以及示范校评估来看，评价指标主要包括基本办学条件、师资队伍、课程与教学、校企合作、学生发展和办学效益等，充分体现了建立在量化数据统计基础上的目标或结果价值取向，具有明显的物化痕迹。这种评价缺少对学习者的实践知识学习、技术技能训练的过程性评价，无法对学习者感受和个性化发展进行评价。尽管"社会评价"在指标体系中的分值有所上升，但很少涉及对学生利益的关切。[①]这样的结果是：忽视了学生的个体能动性，没有经过个体认知与内化的学习不可能是有效率的学习，更不可能促进其个体素质的提升；忽视了个体的情感体验，培养的是没有情感的"工具人"。与"职业人"相比，工具人是很难在平凡工作岗位上实现"愿意做——喜爱——热爱"的职业情感变化，而这是成为匠人、生成匠心、拥有匠魂的核心。从"学校自评、提交材料、确定专家组成员、资料评审或现场调研、确定结论、学校整改"的评价程序来看，这是一种单向的线性评价思维，这样的结果是：仅注重静态"结果"的表达，没有关注教育过程中的"增量评价"和"价值贡献"，造成评价的片面化；忽视了职业教育中最重要的人——教师和学生的参与，也没有形成评价者与被评价者共同参与的互动模式，无法达到"以评促建"提高育人质量的效果。

第三节　我国职业教育实践的价值回归[②]

德国社会学家韦伯将人的理性分为工具理性与价值理性，前者注重事实判断，通过计算找到最优化的手段来达成目的，后者注重价值判断，强调人自我本能的发展；前者追求结果导向，具有功利主义倾向，后者追求发展导向，具有人文主义倾向。终身教育理念下职业教育追寻的是价值理性与工具理性的融合，可从目的、内容与方法三

① 洪德慧.职业教育质量评价体系：从社会本位走向以人为本[J].中国职业技术教育,2019(10)：59—65.

② 贾旻,王慧泽,王珏.终身教育视域下职业教育实践价值的迷失与回归[J].江苏高职教育,2022(2)：36—43.

个维度,通过实践中的"三'求'一体""三'型'合一"与"三'育'结合"得以实现。(见图7-1)

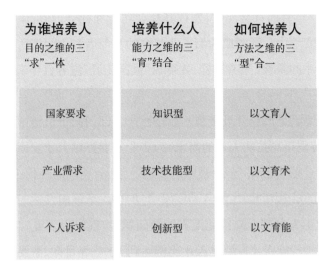

图 7-1

一、明确"三'求'一体"的人才培养定位价值

"三'求'一体"指的是在为谁培养人的问题上,职业教育应同时兼顾国家要求、产业需求与个人诉求,投射到受教育者个体身上,即社会价值、经济价值和人生价值的全面实现。

习总书记曾指出,"天下之治在人才"。①国之重器,人才为要,加快建设人才强国成为当前国家重要战略。国家要求且职业教育能够培养的是具有如下特质的技术技能人才,即积极参与政治生活、维护社会安定团结、弘扬中国传统文化的治国安邦之才,职业教育应该培养学习者学会认知、学会做人、学会做事、学会合作、学会创新、乐于奉献,培育并教导学生始终践行社会主义核心价值观,成为合格的社会主义建设者,

---

① 共产党员网.平"语"近人——习近平总书记用典[EB/OL].[2022-05-10]https://www.12371.cn/special/pyjr/.

民族复兴大任的时代担当者。换言之,人才是国之发展的核心资源,职业教育培养的新型技术技能人才是社会人才的重要组成部分。国家发展离不开职业教育所培养的人,需要挖掘职业教育的社会属性,发挥其社会功能和社会价值,满足国家在新一轮科技革命和产业变革中,试图成为新工业革命的参与者和引领者所产生的人力资本特别是高技能人才的需求。只有这样,才能以"大国工匠"滋养百年未有之大变局中的技能中国建设。

职业教育还要满足产业升级转型、战略性产业部门向价值链中高端升级所产生的对产业人才,特别是高技能人才的需求,为产业发展提供人才支撑。从世界经验来看,德国成为拥有"隐形冠军"企业最多的制造业强国,美国的现代工业、农业与服务业获得大发展,北欧国家的国民经济高度发达,均得益于该国发达的职业教育。为有效解决我国技能工人尤其是高技能工人短缺问题,实现"'十四五'期间,新增技能人才4000万以上","技能人才占就业人才比例达到30%"等目标,需要获得职业教育的支持。职业教育需要"从一个提供文凭背书的认证机构,变成一个让学生'能力上身'的体验实训基地"。①在我国职业教育实践的价值回归问题上,"三'求'一体"的人才培养定位指向供给端,如果说国家要求和个人诉求位于两端,那么产业需求则属于中间,也是最能为职业教育人才培养反馈实质性与建设性建议的核心要素。职业教育在人才培养上对接产业需求是有益于双方的最优项,既有利于职业教育转型,满足市场需求,让培养的职业人才真正"学有所属";也有助于产业形成良好业态,提高岗位内人才适配度,优化产业布局。

职业教育要满足数字经济、平台经济、分享经济、智能互联等新技术发展过程中,个人获得生存权、发展权以及幸福生活权所需的多种能力素质的终身教育诉求。职业教育为产业发展提供技术技能人才,具有多方面的社会溢出效应,也关系到国民生活水平、就业水平的提高,社会地位的改善,个人幸福指数的提高,城市化进程的加快等。与此同时,个体长足有效的发展是外部需求的必要前提,所以说,职业教育在满足个人诉求的同时,也是在迎合国家要求和产业需求。从这个意义上说,个人诉求是人

---

① 孙诚.新时代新要求职业教育还需要什么[N].光明日报,2019-09-10(15).

才培养定位的终极诉求。映射于职业教育中,个人诉求体现为育人性。按照社会发展趋势,职业教育培养人才长期发展能力的重要性要远大于职业教育的具体内容,即"授鱼"和"授渔"的关系。总而言之,整体社会是以人为基点构建的,一旦"小我"需求被满足,集聚为群体,放大至国家,"三'求'一体"的人才培养定位价值才能逐级实现。

"三'求'一体"的人才培养定位需要系统化思维与整体化发展机制。第一,以系统化思维谋划,将道德与公民素养、技能与学习素养、运动与身心健康、审美与艺术素养、劳动与职业素养等作为综合评价指标,通过培养全面发展的、可持续发展的人,实现国家要求的社会人、产业需求的经济人以及个人诉求的自由人在个体层面上的完美融合。第二,设计整体化发展机制,以产教融合、校企合作、理实一体化发展,促进产业链、教育链、人才链与创新链的有机融合,进而改变原有的割裂式人才培养方式,在四链融合背景下,借助理实一体化教学实践,将职业教育的理论知识和实践意蕴融为一体,深化学生职业道德,培育学生职业素质,内化为个体惯常的职业行为。总之,工具理性是基于物质层面的对人的现实关怀,价值理性是基于精神层面的对人的终极关怀。[1] 职业教育旨在通过提供技术技能人才,发挥经济效应及其溢出效应,满足国家、产业以及社会需求,从而在目的维度上实现工具理性与价值理性的融合。

二、生成"三'型'合一"的职业人才特色价值

"三'型'合一"指的是培养什么人的问题,职业教育培养的是高质素技术技能人才,可具体化为以"知识型""技术技能型"和"创新型"为内涵表征的综合职业人才。

第一,理论知识与实践知识相互补充,形成完整的职业教育知识体系,培养知识型职业人。知识型意味着既要掌握理论知识,也要掌握实践知识。理论知识是一种基于现代科学体系,以系统化、理性化的知识体系为指导,意在深入了解技术的意蕴及旨趣的知识。[2] 其学习并非职业教育普教化,而是围绕着行业动态发展,基于项目课

---

① 张健. 高职教育:工具价值与目的价值的博弈与整合[J]. 江苏教育研究,2015(26):8-11.
② 马君,张苗怡. 从职业知识到技术知识:职业教育知识观的逻辑转向[J]. 西南大学学报(社会科学版),2022(2):144-154.

程、行动导向教学实现知识获取。理论知识的学习可以引导学习者的实践活动,帮助学习者对实践活动有更深的了解,也是让学习者能够知道"是什么"以及"为什么"。一方面经济的快速发展,越来越多的高新技术产业占据经济结构的主导地位,可能会导致大量技能劳动者被淘汰,工作机会逐渐向知识、技术密集型岗位倾斜。另一方面,基于我国当前技能型社会的建设与发展,高技能人才短缺成为我国走向制造强国的阻碍,因此,培养高素质技术技能人才成为我国职业教育育人的迫切任务。根据职业带理论,依据知识与技能结构不同,将人才分为技术工人、技术员和工程师,而不同类型人才需要不同的知识结构,技工主要需要操作技能,工程师主要是理论知识,,而技术员则是操作技能与理论知识并重,[①]由此可见,不管培养何种类型的职业人才,都需要适度、够用的理论知识。因此,职业教育不能放松而是深入对理论知识的传授,而是要加强提高学生的理论知识水平。实践知识强调学习过程的实践性,一般源于个体自身观察与实际体验所积累的知识,理论知识为我们解决的是"是什么"和"为什么"的问题,与之相对应实践知识解决的是"怎么做"的问题,比如技术规则、经验、情境知识和判断力等方面,具有个体性、动态性和生成性特征。以杜威经验知识论为基础,其实质是强调具体情境中实际经验的获得。职业教育作为一种以实践为核心的类型教育,更青睐于实践活动所获得的知识积累。这类知识立足于工作之中,与具体的工作岗位密不可分。经验及实践知识是技能人才胜任工作岗位并以此为生存发展的基础。唯有在实践中发展知识,用知识来引导实践,相互补充,才能共同培育人才。

第二,在实践知识体系基础上,培养技术技能型人才。正在进行的第四次工业革命呈现出以数字和人工智能为核心的融合与赋能特征,促进了生产系统的智能化,其发展必将带来劳动力市场就业结构的迭代优化和人才的技能需求结构的变化,对职业人才提出更高的技术技能水平要求,意味着职业教育培养的人才综合技能要求提高,聚焦技术操作上的"熟""巧",追求最优的质量和效率,[②]职业教育内容升级。2020年加拿大未来技能委员会发布的报告《加拿大——一个学习型国家》,将"面向未来发

---

① 杜连森.浅析"职业带"理论对构建现代职业教育体系的启示[J].中国职业技术教育,2013(15):21-25.

② 廖策权.教育性和职业性是定位职业教育本质的应然视角[J].教育与职业,2017(3):100-104.

展技能,培养可持续发展技能"①作为建设一个学习型国家的优先事项。可见,技术技能越来越成为国家竞争力的核心要素。职业教育作为"职业人"的重要输出者,以企业需求为导向,根据企业实际需要,针对性地培养专业化人才,为企业的快速发展提供稳定的育人途径,缓解结构性就业矛盾,实现社会发展的良性循环。从个体自身成长来讲,不仅需要学会职业所必备的硬技能,还应当注重软技能的发展。引导个体能够根据岗位实际需求进行迁移、创新,提高人的创新能力、迁移能力等能力,"不仅需要满足人的短期就业所需要的技术,解决个人生存问题,而且更立足于更高远的人的生存意义的追求",②认识到就业工作的长期性和艰巨性,注重人的终身能力发展。并且要求职业教育要重视学生道德素养的培养,立足于人的可持续发展,道德素养是软技能的核心内容。此外,"教育是人的灵魂的教育,而非理智知识和认识的堆积",③人的灵魂即人的精神,教育是培养人知识与精神相统一的教育。因此,职业教育不仅要赋予个体适应社会发展的各项技能,而且通过职业教育培养个体道德素养,塑造人人成为匠人,让人人皆可成才、人人尽可展才。

第三,坚持在知识与技能学习的基础上,以创新为核心,培养创新型人才。创新型人才在学界并没有形成统一的认识,在本书中主要指以丰富的知识、熟练的技术技能为基础,善于通过已知认识,能够以独特的视角与行动发挥自身优势,将其应用到工作实践当中的人才。对于创新型人才来说,智商、知识或经验等并非解决问题的捷径,而是打破常规经验、思维,综合利用知识、逻辑等解决问题的基础。④知识型的人才、技术技能型的人才最终在实践发展过程成长为创新型人才。因此职业教育必须超越知识和技能教育本身,培养具有创造性人才。一方面培养人才实践的创新性。近年来,随着我国各级政府对创业认识以及"大众创新、万众创新"理念的重视,出台了一系列创

① 中国教育新闻网. 加拿大将构建终身学习体系 [EB/OL].[2022-05-12].http://m.jyb.cn/rmtzgjyb/202012/t20201204_379138_wap.html.
② 马蕾.工具理性与价值理性张力何以衡平?——职业教育加强职业技能和人文精神综合培养的理论机理与实践探微[J].职业技术教育,2018(33):42-47.
③ 雅思贝尔斯.什么是教育[M].邹进,译.生活·读书·新知三联书店,1991:4.
④ 任飔,陈安.论创新型人才及其行为特征[J].教育研究,2017(1):149-153.

业与扶持中小企业发展的政策,为促进人才培养的创造性发展提供平台,职业院校与培训机构作为与企业密切结合的教学主体,通过校企合作与职业引导等方式,加强企业与学校的"双主体"育人,能够为创新型人才的培养搭建环境基础。此外基于不同行业领域的人才需求,职业教育应当加强专业化的创新型人才发展,尤其要加强行业领军人物的培养,加深专业领域造诣,创造性地开发新技术、新产品,以此来引导整个行业的发展。另一方面培养人才的创造性思维。心理学将创造性思维看作是创造性认知品质的核心,具有变通性、独特性等特征,其实质就是将知识与经验以头脑风暴的形式进行符号化的整合,进而提出新的问题、新的解决方法,它对人才进行创造性实践活动起着引导作用,因此,职业教育在育人过程中,要注重培养学生思维创造性,比如通过创造性的环境氛围、创造性教师的教学、创造性学习形式等促进个体创造性思维的养成。在大量普通技能性工作被人工智能替代情况下,具备创造性的思维能力才能更好地胜任工作,实现自身价值与社会价值。

三、探寻"以文育人"的人才培养方法价值

"以文育人"指的是在如何培养人的问题上,职业教育应探寻如何以人文主义精神育职教之灵魂,以人文主义教育涵养职业人才培养模式。

第一,以人文主义精神培养幸福、自由的职业人。人文主义"以人为中心",在强调人的价值与尊严基础上,提出培养"自由人",将自由视为人的存在方式。"职业是唯一能使个人的特异才能和他的社会服务取得平衡的事情。找出一个人适宜做的事业并且获得实行的机会,这是幸福的关键。"①个体职业发展是一个不断提升的过程,从满足个体谋生的现实需求,到享有更高职业追求,即职业成为一种生活方式,敬业、乐业以及享受职业带来的旨趣是个体最终的职业价值诉求。正如黄炎培先生所说"无业者有业,有业者乐业"。理想的职业教育应当以人文精神为价值旨归,以履行人文精神为

---

① 杜威.民族主义与教育[M].王承绪,译.北京:人民教育出版社,1990:324.

实践宗旨,摒弃"职业教育"等于"就业教育"的刻板想法,以人为本,立足于学习者的主体需要,帮助学习者树立职业意识,激发职业理想,引导职业方向,让学习者完成由"自然人"成长为"社会人",不仅有能力就业,还有能力选择适合、喜欢的职业,在学会就业谋生的技术技能基础上,理解职业的生命价值,最终实现个体自由完整的发展。

第二,以人文主义教育引领技术的进步与发展,实现技术与人文的沟通。技术思想家芒福德认为,人首先不是工具的制造者,而是意义的创造者。从技术技能的原始意义来看,是与文化、艺术统一的,技术是一个"人文化成"的过程。[1]由于社会变革的发展,技术滥用造成技术异化使得技术与人文相分离,不可否认,技术的发展促进人类智慧与能力的提升,为个体的生存发展提供基础,也为我们的生活带来诸多便利,但人文精神的长期缺失,也使得技术带来一定的消极作用,比如功利主义盛行,人的道德认知受到挑战,技术的片面化发展导致环境的破坏。因此职业教育要重视态度、情感等非理性因素对人发展的作用。引导学生正确认识技术,树立科学的技术观,彰显职业教育的"技术性"特征。[2]《关于深化职业教育教学改革全面提高人才培养质量的若干意见》明确指出,职业教育要以德为本,以"德"培养学生的发展底蕴;以德驭技,以德激发学生的学习旨趣,要"注重学生工匠精神和精益求精习惯的养成,努力培养数以亿计的高素质技术技能人才,为全面建设社会主义现代化国家提供坚实的支撑",[3]培养劳动精神、工匠精神与劳模精神,最终"在真、善、美的道德力量规劝下,人朝向未来世界而敞开与延伸,并在与技术的融合共生中成为'他自己'"。[4]

第三,以人文主义教育培育个体可持续发展的职业能力。根据加德纳多元智能理论可知,人的思维与能力是多元化的,并且受文化、环境等因素的影响,因此,个体可持续发展的职业能力不仅要注意到促进实际操作的一般性知识的应用,更应关注到

---

① 吴国盛.技术与人文[J].北京社会科学,2001(2):90—97.

② 张震.浅论工业4.0背景下职业教育工具理性和价值理性的深度融合[J].职业教育研究,2021(11):58—64.

③ 人民网.加快构建现代职业教育体系,培养更多高素质技术技能人才能工巧匠大国工匠[EB/OL].(2022—03—15).http://dangshi.people.com.cn/n1/2021/0414/c436975-32077186.htm.

④ 朱德全,熊晴.职业教育现代化发展的逻辑理路:价值与路向[J].云南师范大学学报(哲学社会科学版),2021(5):103—112.

实践背后的思维能力、团体合作技能、职业素养等方面的隐性知识的支撑,而这些离不开人文精神在育人过程中潜移默化的影响。职业教育应当渗透人文素养,统筹与优化学习内容,从课程的整体设置出发考虑,通过人文艺术的熏陶打开人的视角,从而滋养自信、对主流观点的反叛精神。①比如,强化学校课程思政建设,开展劳模文化分享活动等,通过人文教育培养学生的职业素养与职业认同。开展多样化的教学方式,强调师生互动与讨论,在实际情景中营造人文环境,引发学生从内心了解人文素养,在反思中提高学生认识问题、分析问题、解决实际问题的能力,进一步培养学生兴趣,激发学生创造能力,促使学生实现自我成长。

---

① 白玲,张桂春.人文主义教育:我国职业教育之魂的丢失与重拾——基于联合国教科文组织对人文主义教育的重申[J].职教论坛,2017(10):12-17.

第八章　服务技能人才培养的职业教育资源：空间布局与优化路径
——基于全国优质高职教育资源的分布分析

第一节　问题的提出

进入新世纪，优质高职教育资源建设成为促进我国职业教育内涵式发展的重要战略举措。2006 年以来，国家示范性高等职业院校建设计划开启了以示范校、骨干校和优质校建设引领职业教育高质量发展的先河。"示范建设"到"双高计划"体现了我国高职教育从"规模扩张"到"提质增效"的理念转变，同时，在"扶优扶强"与"示范引领"思维指导下，我国优质高职教育资源在部分区域以及城市得到一定程度的集聚。与此同时，国家更加关注教育资源空间布局，追求有质量的教育公平。2021 年，《中华人民共和国国民经济和社会发展第十四个五年规划和 2035 年远景目标纲要》明确提出要"增强职业技术教育适应性，优化结构与布局；优化区域高等教育资源布局，推进中西部地区高等教育振兴"。①

20 世纪 70 年代至今，教育资源空间布局成为一个持续的重要学术话题。《教育地理学：一个被忽视的领域》（Ryba，1968）的发表标志着教育地理学研究的开始，"空

---

① 中华人民共和国国民经济和社会发展第十四个五年规划和 2035 年远景目标纲要[EB/OL].（2021-03-13）[2022-5-18].http://www.gov.cn/xinwen/2021-03/13/content_5592681.htm.

间——机制——效应"研究框架(Hones et al.,1972)的提出奠定了西方现代教育资源空间格局研究的主要内容。①教育资源空间布局的早期研究聚焦于资源配置,主要以区位理论为指导,通过构建计量模型,指导学校布局和学区规划,如构建学区优化模型②,从而实现效率与公平相统一的均衡格局。随着研究深入,关注对象逐渐扩展到多元利益相关者,研究重点由单一的资源可达性扩展到多维层面,如教育机会③、性别差异④、种族隔离⑤、学校隔离⑥、收入隔离⑦、教育政策⑧等等。近年来,基于人文地理视角来探讨教育空间和社会空间的辩证关系、因果关系及社会文化意义成为新的研究热点。

在人文社会科学"空间转向"思潮影响下,"教育空间"问题逐渐受到我国学者的关注,⑨已有研究主要聚焦在以下主题:第一,教育资源空间布局调整研究。立足于新型城镇化、区域协同发展、生育政策调整、人口迁移等现实问题与社会需求,对基础教

---

① Hones GH,RybaRH.Why not age ography of education?Journal of Geography [J].1972(3):135-139.

②CaroF,ShirabeT, Guignard M. School redistricting: Embedding GIS tools with integer Program ming[J].Journal of the Operational Research Society,2004(5):891-895.

③ Moreno-Monroy,A.I.;Lovelace,R;Ramos,F.R.Public transport and school location impacts on educational inequalities:Insights from S?oPaulo.[J].Transp.Geogr,2018,67:110‐118.

④ AnsongD,RenwickCB,OkumuM,etal.Gender edge o graphical inequalities in junior high school enrollment:Doi nfrastructure,human,and financial resources matter?[J].Journal of Economic Studies,2018(2):411-425.

⑤ Taylor, K., Frankenberg, E., Siegel-Hawley, G.? Racial segregation in the southern schools, school districts, and counties where districts have seceded[J]. AERA Open,2019, 5(3):1‐16.

⑥ BotermanW,MusterdS,PacchiC,etal.School Segregation in Contemporary Cities:Socio-spatial Dynamics,institutional context and urban outcomes[J].UrbanStudies,2019(15):3055-3073.

⑦OwensA,CandipanJ.Social and Spatial Inequalities of Educational Opportunity:a Portrait of Schools Serving High‐ and Low-income Neighbourhoods in US Metropolitan Areas [J].Urban Studies,2019(15):3178-3197.

⑧ Yoon,E.,Gulson,K.,Lubienski,C.A brief history of the geography of education policy:On going conversations and generative tensions[J].AERA Open,2018(4):1‐9.

⑨ 张谦舵,潘玉君,伊继东,孙俊,姚辉.论教育空间与社会空间[J].云南师范大学学报(哲学社会科学版),2014(6):122-128.

育空间布局的问题及调整优化进行研究(许浩等,2019[1];刘善槐,2019[2];蔡文伯等,2021[3])。第二,教育资源空间布局的评价研究。随着各种空间评价分析方法日益成熟,对教育资源空间布局的均衡性、公平性评价与优化成为研究重点。近十年来,我国学者应用空间分析手段对学前教育、基础教育、老年教育供给等领域问题进行探究,所用到的分析指标包含空间可达性、资源服务压力、基尼系数、资源分布密度等。[4]由于研究选取的区域范围、评价指标及时间跨度等因素差异,所得结论不尽相同。第三,教育资源空间布局的时空演化研究。重点关注特定区域内的教育资源空间分布状态,考察其动态变化特征、趋势以及影响因素。例如,城市基础教育空间均衡性具有动态性,是"低层次均衡——不均衡——高层次均衡"的循环往复螺旋式循环上升过程(闫晴,2020);[5]高等教育发展水平具有显著的空间溢出效应,空间关联模式具有空间集聚性和时序低流动性特征,且路径依赖严重(潘兴侠,2020)。[6]第四,教育资源空间布局的社会影响研究。教育具有多重社会功能,教育资源空间布局对许多地理要素均具有影响,教育资源如何成为塑造社会结构和社会空间异质性的前摄因素成为学者关注重点。研究发现,教育资源配置与城市化水平之间存在关联性(路瑶,2020);[7]优质基础教育资源对人口空间部分具有引导作用(刘乃全等,2015);[8]高等教育资源空间布局对城市群创新能力具有影响,在校生数多中心分布对城市群创新更有利(梁爽等,

---

① 许浩,周子康,孔德莉,张圣玉,张文国,郝庆.武汉市基础教育资源与居民点空间耦合分析[J].经济地理,2019(8):87-94.

② 刘善槐,王爽.我国义务教育资源空间布局优化研究[J].教育研究,2019(12):79-87.

③ 蔡文伯,甘雪岩.耦合协调与区域差异:基础教育资源配置与新型城镇化的时空演变[J].当代教育论坛,2021(2):1-9.

④ 刘雅婷,黄健.空间分析哲学视角下老年教育资源的空间均衡性探析——以上海市为例[J].教育发展研究,2020(17):36-45.

⑤ 闫晴.城市基础教育空间均衡性研究[D].长春:东北师范大学,2020.

⑥ 潘兴侠,徐媛媛,赵烨.我国高等教育发展区域差异、空间效应及影响因素[J].教育学术月刊,2020(11):9-18.

⑦ 路瑶.教育资源配置的空间分异特征及其对城市化的驱动路径分析[D].青岛:青岛大学,2020.

⑧ 刘乃全,耿文才.上海市人口空间分布格局的演变及其影响因素分析——基于空间面板模型的实证研究[J].财经研究,2015(2):99-110.

2021);[①]在高等教育资源相对匮乏地区,高等教育资源增加对经济增长的促进作用要明显(劳昕等,2016)。[②]

总体而言,教育资源空间布局相关研究借助多样化的分析模型及工具,在教育资源空间布局的演进轨迹、均衡性、差异性以及形成因素等方面取得了许多有价值的成果,但是在以下方面较为薄弱:从研究主题看,主要聚焦于基础教育与普通高等教育,很少关注类型教育视角下的高职教育;从研究范围看,主要集中在省域层面,较少从其他层面分析高职教育发展的差异性;从研究视角看,大多基于教育学、地理学、经济学视角,对高职教育空间属性分析不足。因此,本书将从空间分析视角切入,分析我国优质高职教育资源的空间布局形态及形成机制,希望为优化高职教育资源的全国及区域布局,促进职业教育公平和高质量发展提供一定思路。

第二节　研究设计

一、核心变量界定

本书所涉及核心变量是"优质高职教育资源空间布局"。其中,"优质高职教育资源"指的是全国范围内具有先进的教育水平或办学特色,并能对高职教育起到提升和促进作用的高质量职业教育资源,包括教师、管理者等优质人力资源,制度、文化、自然环境等环境资源,以及教材、教法等教学资源。[③]"优质"是个相对概念,具有动态性,并将随着时间的推移获得进一步的丰富。狭义的优质高职教育资源是具有相对优质

①梁爽,姜文宁.高等教育资源空间结构变迁及其创新效应——基于我国三大城市群[J].中国高教研究,2021(8):78-85.

②劳昕,薛澜.我国高等教育资源的空间分布及其对地区经济增长的影响[J].高等教育研究,2016(6):26-33.

③陈振华,祁占勇.优质教育资源发展论[M].杭州:浙江大学出版社.2015:14-15.

的高职教育资源的学校，即名校、示范校、优质校等，[①]它们是聚集了优质教育资源的载体，能够利用有价值的资源促进教育的持续创新发展，正如资源基础理论所讲"有价值的资源是组织实体建立并保持竞争优势的重要基础"。[②]空间布局分析是以一定区域内优质职业教育资源分布状况为研究对象，揭示空间组织形式和空间差异。[③]因此，考察优质高职教育资源的空间布局是分析拥有优质高职教育资源的学校在空间上的地理呈现形式，即地理空间上的布局和组合，操作化概念是优质校的数量规模分布。本书空间布局分析的样本范围仅限大陆地区，不包括香港、澳门、台湾地区，这是因为这些地区没有参与国家的"双高计划""国家级教学创新团队"以及"国家级团队"项目，不存在上述优质校。

二、数据来源与处理

研究样本选择应遵循代表性、科学性等原则。本书选取 2019 年以来国家公布的中国特色高水平高职学校和专业建设计划（以下简称"双高计划"）建设名单、国家级职业教育教师教学创新团队立项建设单位和培育建设单位名单（以下简称"国家级教学创新团队"）以及国家级职业教育教师教学创新团队培训基地和共同体建设牵头单位名单（以下简称"创新团队基地"）。将其认定为优质高职教育资源是因为"双高计划"是面向高等职业学校，优中择优，遴选出的特色高水平学校及专业，"国家级教学创新团队"具有良好的职业教育教学基础，在教师、教材、教法有所创新的优质学校，旨在引领高素质职教"双师型"师资队伍建设。[④]这些建设单位及入选的专业，皆是全国范围内领先发展，且有着良好的职业教育教学基础及质量，汇集了有形及无形的优

① 陈海燕.创建教育共同体推进优质教育资源均等化研究[D].天津：天津大学,2016.

② [美]杰伊·B.巴尼,[新西兰]德文·N.克拉克.资源基础理论——创建并保持竞争优势[M].张书军,苏晓华,译.上海：格致出版社,上海三联书店,上海人民出版社,2011:75-78.

③ 刘宏燕,陈雯.中国基础教育资源布局研究述评[J].地理科学进展,2017(5):557-568.

④ 教育部.教育部关于印发《全国职业院校教师教学创新团队建设方案》的通知[EB/OL].http://www.gov.cn/zhengce/zhengceku/2019-10/22/content_5443312.htm.

技能型社会建设与职业教育的使命担当

质高职教育资源。本书以上述三类建设单位为样本来源，并剔除中等职业学校及重复院校，共得到包括高等职业学校、本科层次职业大学及少数普通高校 320 所（见表 8-1），其中，普通高校虽不属于严格意义上的高职教育层次，但鉴于其能够提供高水平的职教师资培养培训等服务，也被列入优质高职教育资源载体。总体上讲，样本——优质校代表了我国各类优质高职教育资源的发展水平。

优质校覆盖全国 30 个省级行政区(不包含港澳台和西藏)。优质校各类数据来源于各院校官方网站和高职教育质量年度报告等公开资料。研究所需的影响优质高职教育资源空间布局的相关变量数据,包括各省经济、教育、人口等发展状况参考原始数据均来源于各省（直辖市或自治区)2020 年统计年鉴和中国经济与社会发展统计数据库。

表 8-1 样本来源

样本	类别	批次	数量(所)
"双高计划"	专业校建设单位	第一批	56
	专业群建设单位		141
"国家级教学创新团队"	立项建设单位	第一批	120
		第二批	240
	培育建设单位	第一批	2
		第二批	2
"创新团队基地"	牵头单位	第一批	19
		第二批	34
	培训基地	第一批	19
		第二批	31

三、研究内容设计

优质高职教育资源空间布局是一个复杂系统，要准确描述空间布局特征，应从全局性、区域性和关联性加以考量。本书选取"优质校"数量作为反映优质高职教育资源空间分布的变量，用不平衡指数、地理集中指数、莫兰指数（Moran's I）和局部空间自相关对优质高职教育资源空间分布特征进行分析，采用地理探测器分析探究优质高职教育资源空间分布机制。

第三节　我国优质高职教育资源的空间布局形态

我国优质高职教育资源空间布局呈现出全国范围内广泛分布基础上的集聚状态，具体呈现出如下特征。

一、广泛性与不平衡性并存

320 所样本优质校广泛分布在全国七大区、30 个省、107 个地市。从全国区域来看，华北、华中、华东、华南、西北、东北、西南七大地理分区（以下简称七大区）均存在数量不等的优质校；从省级行政区来看，除西藏之外，各省均拥有数量不等的优质校（图 8-1）；从地级行政区来看，全国 334 个地市中有 107 个（统计不包含跨地市校区）拥有优质校，占到总数的 1/3。

优质高职教育资源虽然分布广泛，但区域间存在较大差距。本书采取"不平衡指数"衡量优质校在七大区的分布状况，不平衡指数反映了研究对象在不同区域内分布的均衡程度，公式如下[1]：

---

① 余阳立,杨晓霞,崔洪瑞.西南 4 省(市)农耕非物质文化遗产空间分布研究[J].西南大学学报(自然科学版),2022(4):165-175.

$$S = \frac{\sum_{i=1}^{n} Y_i - 50(n+1)}{100n - 50(n+1)}$$

其中 n 为区域数量；Y_i 为不同区域内某一研究对象在总区域所占比例按降序排列后第 i 位的累计百分比。不平衡指数 S 取值介于 0—1 之间,当研究对象,即优质校平均分布在各区域时,S=0;当研究对象全部集中在某一区域时,S=1;S 值越大说明分布越不均衡。

表 8-2 全国及七大分区内部不平衡指数表

区域	数量	不平衡指数
全国	320	0.335
华东	114	0.427
华北	46	0.293
华中	44	0.227
西南	35	0.443
华南	31	0.548
东北	25	0.08
西北	25	0.54

如表 8-2 所示,利用 Excel 计算出不平衡指数 S=0.335,说明从全国范围来看,优质校在七大区的分布比较不均衡,仅华东、华北所拥有的优质校数量就达到了全国总数的一半。从七大区内部来看,除东北地区外,其他六大区内部分布也呈现出较不均衡状态,其中华南、西北地区不平衡指数最高,西南、华东地区次之,不平衡现象较为突出。从省级层面来看,除西藏以外的 30 个省级行政区优质校数量的标准差为 7.65,方差为 60.57,说明省级行政区"优质校"数量分布离散程度较高,分布并不均衡,省与省之间差距明显。

二、关联性与集聚性相辅相成

社会经济活动中,空间集聚和分散是其基本空间特征,[1]同经济产业联系密切的高职教育同样具有上述特征。本书采用"地理集中指数"反映优质校的集中程度,地理集中指数是测量研究对象在地理空间上集聚程度的指数,公式如下:[2]

$$G = 100 \times \sqrt{\sum_i^n (X_i / T)^2}$$

其中 G 为优质校地理集中指数,X_i 为第 i 个省级行政区的优质校数量,T 为优质校总数。G 值越大,说明优质校空间分布越集中。用表示优质校在各省级行政区均匀分布时的地理集中指数,如果,则表明优质校在省域呈集中分布。假设优质校平均分布于 31 个省级行政区,得到 =17.96。通过计算得出优质校地理集中指数 G=22.47>,说明优质校在省域层面空间分布为集聚状态, 这是源于优质高职教育资源的稀缺性所导致的资源配置的必然结果。总体来说,优质高职教育资源集聚在东部、中部地区,西部地区成为明显的洼地;集聚主要发生在直辖市和省会等较发达城市,偏远城市成为空白区,进一步解释如下:

第一,全国范围内表现为"东热西冷"。为进一步刻画我国优质高职教育资源的空间布局特征,本书基于优质校数量,采用自然断点分级法,将 30 个省级行政单元划分为冷点区、次冷点区、次热点区、热点区四个等级类型,利用 ArcGIS 10.5 进行可视化展现。在局域空间格局上,我国优质高职教育资源发展水平与胡焕庸线吻合,胡焕庸线东南侧为我国优质高职教育资源发展的热点区,胡焕庸线西北侧则相对热度偏低。

---

① 本书编委会编.信息时代社会经济空间组织的变革[M].北京:科学出版社.2018:49-50.
② 韩瑛,贾林雨,张成莉,林长春,赵鹏宇.山西省古建筑文化旅游资源空间分布特征及影响因素研究[J].干旱区资源与环境,2021(1):196-202.

我国优质高职教育资源的空间聚集状态分布不均,既有资源高度聚集的热点区,也有相对的冷点区,且热点区和冷点区在空间上分别聚集,呈现出东部地区热、西部地区冷的"东热西冷"特征。

第二,围绕省会城市形成集聚区。从地市层面进一步分析,320所优质校也呈现出集聚化状态。非省会城市优质校多分布在与省会城市邻近的地市,这在优质高职教育资源占有量相对较少的省份表现更为明显。福建、广东、黑龙江、河南、湖南、吉林、山东、陕西、山西、云南、新疆11个省的优质校围绕省会城市集聚化发展。优质校所在地市在地理上完全相连,围绕省会城市形成该省高职教育中心区。值得关注的是,虽然区域中心城市的优质高职教育资源强度普遍较高,但非中心城市在培育和发展优质高职教育资源中也体现出很强的活力,例如四川、河北、湖北、广西四省在远离中心城市的地市,形成了该省高职教育的亚中心,呈现分区聚集发展状态。因此,在多元相关机制作用下,中国优质教育资源空间结构在当下以及未来将处于复杂动态变化之中,并将更加深刻地改变城市与城市、城市与社会之间的互动关系。

第三,优质校围绕省会城市形成集聚中心高地。各省(区)位于省会城市的优质校数量最多,呈现集聚状态,但集聚程度不尽相同。从总量数据来看,省会城市的优质校数量占总量的54.96%。从省域来看,除江苏、山东、江西、辽宁、河北、新疆6省份外,其他20个省会城市的优质校数量均占该省总量的一半及以上(见图8-1),海南、宁夏、内蒙古、青海4省优质校甚至被省会城市独揽。这是因为省会城市大多交通便利、民生设施健全,且为该省政治、经济与文化中心,相较于其他地市,具有显著的区位优势,对该省高职教育发展产生积极正面影响,促使优质高职教育资源向省会城市集聚。值得关注的是,由于"虹吸"效应,优质高职教育资源会率先在省会城市聚集,但是资源积累到一定数量之后,又会产生"溢出"效应,带动周边城市的发展。以江苏为例,优质高职教育资源丰富,广泛分布在省内12个地级市(宿州为0),且苏南地区优质校形成一定规模,相比较而言,南京优质校集聚度反而较低,不及全省总量的1/3。

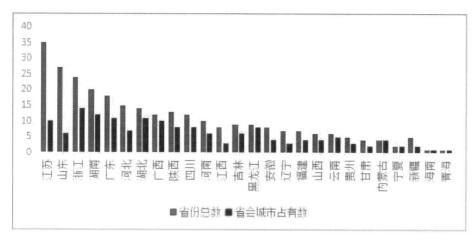

图 8-1　"优质校"省域数量分布图

数据来源：表 8-1 数据整理汇总，通过 excel 软件绘制。

三、优质高职教育资源的关联性

为验证优质高职教育资源在空间上是否存在空间自相关特征，本书利用 arcgis10.5 进行测算。Moran's I 指数是全局空间自相关分析，用以分析不同地市优质高职教育资源的关联性。公式如下[①]：

$$I = \frac{1}{\sum\limits_{i=1}^{n}\sum\limits_{i=1}^{n}W_{ij}} \cdot \frac{\sum\limits_{i=1}^{n}\sum\limits_{i=1}^{n}W_{ij}(x_i-\bar{x})(x_j-\bar{x})}{\frac{1}{n}\sum\limits_{i=1}^{n}(x_j-\bar{x})^2}$$

其中 X_i 为 i 区域的观测值，X 为区域要素平均值，I 为 Moran's 指数，在给定显著性水平时，若 I>0，表示相邻地市之间存在空间相似性，即优质高职教育资源较多（较

---

① SEONGHC,ROLANDKROBETS,SEUNGGYUKIM.Negative externalities on property values resulting from water impairment:the case of the pigeon river watershedt ［J］.Ecological Economics,2011（12）:2390-2399.

少)的地市在空间上显著集聚;若 I<0,则表示相邻地市之间并不存在相似性。选用 CONTIGUITY_EDGES_ONLY 作为空间关系概念化方法,最终生成 HTML 格式的空间自相关分析报表(见图 8-2)。

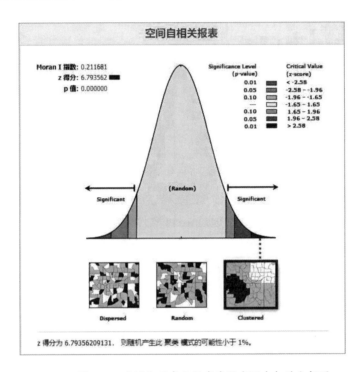

图 8-2　省域优质高职教育资源空间自相关分析图

由图可知,优质高职教育资源的全局莫兰指数为 Moran's I= 0.211681>0(Z=6.793562,P=0.0000<0.05),表示通过显著性水平检验。说明我国优质高职教育资源存在正的空间自相关关系,即优质高职教育资源较多或较少的地市在空间上分别集聚,存在明显的"全局空间集聚"。此外,根据 z 值得分和 p 值得分,有 99%的把握认为优质校的分布模式属于聚类模式,而非分散模式。同时,借助局域自相关分析图进一步识别分析,得出不同区域的四种关联模式。

(1)高—高集聚区(高效型)。我国优质高职教育资源的高—高聚集区主要发生在京津冀,沪宁杭,珠三角以及成渝都市圈等大城市群,是优质高职教育资源的优势区域,例如,北部京津冀城市圈的北京市、唐山市、天津市、承德市;东部长三角的泰州市、镇江市、常州市、绍兴市、金华市；南部珠三角的东莞市和中山市；湖南的湘潭市。长三角地区和京津冀的高—高聚集特征明显，说明该地区高职教育溢出效应明显，空间联系较为紧密。

（2）高—低集聚区（极化型）。优质高职教育资源的高—低聚集区主要分布在中西部地区。这些城市较之周边的城市而言，高职教育资源发展较好。周边城市的发展水平较低，难以带动高职教育资源发展，形成了中间高，四周低的"极化型"格局。一类是呼和浩特、银川、兰州、西宁、重庆、贵阳、南宁等省会城市，多位于胡焕庸线的西北侧的冷点地区，这些省会城市是该省优质高职教育资源发展集聚的中心区。另一类是非省会城市，包括辽宁的营口市和丹东市、浙江的温州市、江西的景德镇市和赣州市、广东的茂名市和新疆的和田和昆玉，这些非省会城市远离省会城市，具有自身特色，成为该省优质高职教育资源发展的"亚中心"。

（3）低—高集聚区（空心型）。优质高职教育资源的低—高聚集区零散分布在我国中部和东部地区，包括廊坊市、阳泉市、资阳市、遵义市、安康市、十堰市、遵义市、黄石市、咸宁市、萍乡市、马鞍山市、宣城市、黄山市、衢州市、湖州市、嘉兴市等。这些城市自身的优质高职教育发展整体较低，且不易受周围城市影响，从而形成中间低、四周高的"空心型"格局。

（4）低—低集聚区（低效区）。优质高职教育资源的低—低聚集区主要是西藏和海南，西藏本身是优质高职教育资源的"空白区"，海南也是冷点地区。西藏那曲市和海南的琼中黎族苗族自治县处于该省空白区的中心，优质高职教育水平发展较低，同时与周围城市差异较小，就形成了低效区。

第四节　我国优质高职教育资源的空间布局机制

机制反映的是要素之间的结构关系和运行方式。教育资源空间布局机制指的是各种影响教育资源分布与组合的不同因素间相互制约、相互作用的内在机理。教育系统同社会生态系统的协作、系统内高校间的竞争和协作、高校个体的自身发展，共同形塑我国优质高职教育资源在特定时空下的布局形态。

一、指标选取

若将职业教育看作生态系统，影响教育资源空间布局的诸多因素涉及政治、经济、社会与教育四个维度，且不同维度及其具体指标间相互发生作用。我国优质高职教育资源空间布局是主要影响因素动态协同作用的结果，根据高职教育发展规律以及以往研究的考量[1][2][3][4]，本书将政策因素作为控制变量，重点从经济、社会与教育三个维度选取 15 个因子，探测我国优质高职教育资源的空间分布机制(见表 8-3)。

第一，人口因素是优质高职教育资源发展的前提条件。人口数量、人口素质、人口年龄构成等对教育资源的空间配置起到一定制约作用。[5]发展优质高职教育资源需要以充足生源和优秀师资为前提。区域人口越多，对于教育需求量越大，更容易吸引人才和资源聚集，有助于优质教育资源的形成。[6]

第二，经济因素是优质高职教育资源开发的动力和保障。经济发展将对人才产生巨大需求，同时，也是教育发展的物质保障，决定着国家或地区教育资源的总投入。高职教育是面向市场经济培养技术技能型人才的教育，它与区域经济发展有着密切关系，且需要大量经费支持。

第三，教育因素是高职教育发展的基础。高职教育作为教育系统的一部分，不可避免地会受其他教育类型的影响。其发展既受制于自身教学条件和就业前景，也与高

---

① 王辉,延军平,彭邦文,刘冬梅,连丽娟.中国中等职业教育空间集聚及其影响因素[J].热带地理,2020(3):525-538.

② 刘国瑞.我国高等教育空间布局的演进特征与发展趋势[J].高等教育研究,2019(9):1-9.

③ 宋亚峰,王世斌,潘海生.我国高职院校空间布局:形态、动因与优化[J].中国职业技术教育,2018(36):16-23.

④ 赵晶晶,张智,盛玉雪.我国高职教育区域布局动力因素与适应性特征研究[J].国家教育行政学院学报,2020(10):78-85.

⑤ 赵波,李宏,武友德,明庆忠.区域教育资源空间优化配置的理论初探[J].教育科学,2001(2):6-7+42.、

⑥ 袁振杰,郭隽万果,杨韵莹,朱竑.中国优质基础教育资源空间格局形成机制及综合效应[J].地理学报,2020(2):318-331.

等教育入学机会以及发展程度紧密有关。区域高等教育规模越大，越容易产生教育资本聚集。

表 8-3　探测指标

指标编码	探测因素	指标因变量	指标单位
X_1	人口	常住人口数	万人
X_2		15 岁以上人口数	人
X_3		大专及以上人口占比	%
X_4		城镇化水平	%
X_5	经济	GDP	亿元
X_6		企业单位数	个
X_7		居民可支配收入	元
X_8		二、三产业占比	%
X_9	教育	普通本科学校在校生数	万人
X_{10}		中等职业学校在校生数	万人
X_{11}		中等职业学校(机构)毕业生数	人
X_{12}		普通高中毕业生数	人
X_{13}		普通高等教育专任教师数	万人
X_{14}		每十万人高等教育学校平均在校生数	人
X_{15}		普通高职高专一般公共预算教育经费	千元

二、实证分析

地理探测器是揭示空间分异性并探测背后驱动因素的统计学方法。[1]本书选取地理探测器中的因子探测，分析优质高职教育资源空间布局影响因素的解释程度，并将交互探测用于分析各因子之间的交互作用和单因子在优质高职教育资源空间布局上的作用，公式为[2]：

$$q = 1 - \frac{1}{N\sigma^2} \sum_{i=1}^{L} N_i \sigma_i^2$$

其中 q 为影响因素对优质高职教育资源空间分布的探测指数，值域为 [0,1]；L 为影响因子的分层；Ni 和 N 分别是因子层 i 和整体的样本数；和分别是因子层 i 和整体的 Y 值的方差。假设，模型成立。当影响因子的解释力 q 值越接近 1 时，Xi 对优质高职教育资源分布特征的影响力越强，反之则越弱。通过比较不同影响因子的 q 值，可以探测分析影响优质高职教育资源的空间分异的主导因素。

利用 Arcgis10.5 的自然间断点分级法将 15 个探测因子分别离散为五个等级，输入探测器软件中运行，得出因子探测结果（见表 8-4）和交互探测结果（见表 8-5）。

---

① 王劲峰,徐成东.地理探测器:原理与展望[J].地理学报,2017(1):116-134.

② WangJinfeng,LiXinhu,ChristakosG,etal.Geographical Detectors-Based Health Risk Assessment and Its Application in the Neural TubeDefects Study of the HeshunRegion,China.[J].International Journal of GeographicalInformation Science,2010,24(1):107-127.

表8-4　优质高职教育资源空间分布影响因子解释力

	因子	q	p
X1	常住人口数	0.555479127	0.006928438
X2	15岁以上人口数	0.560602467	0.00627845
X3	大专及以上人口占比	0.132324478	0.6496722
X4	城镇化水平	0.203483329	0.3154993
X5	GDP	0.644051233	0.01383818
X6	企业单位数	0.759265384	0.000
X7	居民可支配收入	0.386475697	0.1140157
X8	二、三产业占比	0.2727068	0.2024223
X9	普通本科学校在校生数	0.576611096	0.00342235
X10	中等职业学校在校生数	0.437111006	0.0297023
X11	中等职业学校(机构)毕业生数	0.565647872	0.008209934
X12	普通高中毕业生数	0.379171185	0.1052208
X13	普通高等教育专任教师数	0.59872549	0.003628283
X14	每十万人高等教育学校平均在校生数	0.243036053	0.261682
X15	普通高职高专一般公共预算教育经费	0.712399271	0.000

　　注：q值反映影响力水平，P值反映相应指标的显著性程度，小于0.05表示达到显著水平。

技能型社会建设与职业教育的使命担当

表 8-5　因子交互作用探测结果

影响因子	X1	X2	X3	X4	X5	X6	X7	X8	X9	X10	X11	X12	X13	X14	X15
X1	0.555														
X2	0.578	0.561													
X3	0.920	0.925	0.132												
X4	0.834	0.846	0.559	0.203											
X5	0.729	0.735	0.900	0.800	0.644										
X6	0.837	0.845	0.880	0.806	0.784	0.759									
X7	0.821	0.827	0.767	0.586	0.794	0.803	0.386								
X8	0.738	0.744	0.584	0.425	0.745	0.823	0.633	0.273							
X9	0.647	0.648	0.860	0.774	0.755	0.821	0.854	0.740	0.577						
X10	0.674	0.679	0.808	0.805	0.800	0.800	0.802	0.741	0.726	0.437					
X11	0.813	0.814	0.799	0.883	0.820	0.866	0.880	0.814	0.860	0.616					
X12	0.750	0.760	0.865	0.848	0.807	0.838	0.847	0.586	0.821	0.744	0.379				
X13	0.681	0.678	0.873	0.758	0.744	0.818	0.836	0.749	0.646	0.765	0.802	0.599			
X14	0.711	0.716	0.475	0.532	0.866	0.885	0.728	0.623	0.671	0.638	0.586	0.675	0.243		
X15	0.737	0.735	0.93	0.816	0.753	0.856	0.843	0.768	0.747	0.773	0.828	0.732	0.842	0.712	

由表8-4可知,通过统计学检验的因子有9个,分别是企业单位数>普通高职高专一般公共预算教育经费>GDP>普通高等学校专任教师数>本科学校在校学生数>中等职业学校毕业生人数>15岁以上人口数>常住人口数>中等职业学校在校学生数。以各影响因素的平均值来计算,总体来说是经济因素(0.701658308)>教育因素(0.578098947)>人口因素(0.558040797),其中企业单位数、高职教育经费投入和适龄教育人口数是影响优质高职教育资源空间布局的主要因素。

从影响因子交互探测结果看,对15个探测因子两两进行交互探测,研究结果表明,不同因子交互作用的影响力均比单因素的影响力高,但各因子交互作用的影响力存在显著差异,交互作用类型均为双因子增强型和非线性增强型,其中83组为双因子增强型,22组为非线性增强型。这表明优质高职教育资源空间布局机制不是单因子造成,而是不同影响因素相互作用的结果。交互作用强度前三名分别是X3∩X15、X1∩X3、X2∩X3,q值均高于0.92。因此,基于研究数据可以得出以下结论:

第一,多重政策共同影响优质高职教育资源布局,体现了国家和地方意志。一是优质高职教育资源的空间布局深受行政资源分布影响。我国高等职业院校被视为国家体制的组成部分,由国家行政部门按照权限分级举办和管理,[1]高职教育以省级政府统筹管理为主,省级政府对高职教育区域布局具有相当自主权。因此,高职教育发展很大程度上依赖于地方政府的治理能力、财政资源投入力度以及对高职教育的重视程度,这种地域差异无形中加剧了省域之间高职教育资源的差异。此外,行政资源与教育资源的互嵌关系构成了我国教育行政体制的主要特征,"地方权力"如制度外财政资源、政府投入偏好以及资源的非均衡性配置对优质高职教育资源的建设具有重要影响。[2]二是国家颁布相关法律法规政策,协调资源配置。一直以来,我国高职教育政策法规承担着重要的宏观调控功能,中央及地方政府通过各种(高等职业)教育政策分配教育资源,实现政策意向。如2022年《职业教育法》的修订明确了企业在职

---

① 潘懋元,朱乐平.高职教育政策变迁逻辑:历史制度主义视角[J].教育研究,2019(3):117-125.
② 袁振杰,郭隽万果,杨韵莹,朱竑.中国优质基础教育资源空间格局形成机制及综合效应[J].地理学报,2020(2):318-331.

业教育中的主体责任。三是国家和地方通过项目、计划等直接调控干预优质高职教育资源配置。通过"骨干校""示范校""双高校"等专项支持政策,以及"援疆""援藏""西部计划"等推动优质高职教育资源的跨区域流动,影响和重塑优质资源的空间格局。此外,还采取新建、合并和迁移等手段,调整区域高职教育资源格局,有目的地促进、优化资源空间配置。

第二,职业教育优质校与区域经济发展之间存在双向互动关系。经济基础是影响教育资源配置的基本因素,优质高职教育资源建设依赖于社会经济发展水平。经济发展良好的地区通常能够为高职教育提供资金、设备、师资、实习就业岗位等支持,促进职业教育的规模发展及质量提升。数据显示,作为经济发展水平重要指标的 GDP 以及表征经济活力的企业单位数,对优质高职教育资源分布的影响显著。同时,经济转型、产业发展也影响着优质校的建设与发展,如学校规模、专业设置均与区域产业发展有着高度相关关系。高职院校的一般公共预算教育经费是高职教育发展条件之一,受经济因素和地方政策的双重影响。知识经济背景下,经济因素对优质高职教育资源布局的支撑作用,除了财政支持能力之外,还通过"知识——技术——产业"链条吸引知识、信息和人才等的大量涌入,与学校产生良性互动,为优质校的知识溢出和学生就业提供可靠平台。该过程显示了经济因素与人口因素、教育因素对优质高职教育资源的交叉作用,反映了优质高职教育资源配置的复杂性。

第三,职业教育与普通教育两种不同类型教育之间存在竞合关系。数据显示,普通本科学校在校生数因子探测值 q 为 0.577,说明普通高等教育的发展态势会对高职教育发展产生较强影响。实践证明,普通高等教育发达地区的高职教育发展也不错,普通本科院校常以人才培养方式参与高职教育,通过资源共享促进高职教育发展。与其他反映区域高等教育发展基础的指标,如每十万人在校大学生数相比较,充分说明发展优质教育资源过程中,专任教师团队培育的重要性。此外,相比普通高中毕业生数,中等职业教育(机构)毕业生数与优质高职教育资源发展关系更为密切,这是因为受现有教育制度、社会制度与文化传统影响,高职教育成为更多被视为"差生"无法进入普通高等教育之后的选择"通道",中职毕业生更多进入高等职业学校而非普通高等学校继续学习。

第四,人口规模、结构与素质均对高职教育产生重要作用。一是研究数据显示,人口规模对区域优质高职教育资源规模具有显著影响。人口总数上的优势会带来人口规模效应,汇集更多人才,反映在高职教育上,将带来生源、师资与管理人员等人力优质资源,形成优质校的良性循环发展。此外,不同于基础教育的就近入学,高职教育生源流动性更强,学生在择校时更倾向于选择城镇化水平高、就业环境及交通条件更优的大城市,[①]这也解释了为什么优质高职教育资源总是集中在胡焕庸线以东的经济发达地区以及优质校普遍选择围绕省会城市形成集聚等。二是表征人口因素的15岁以上人口数对优质高职教育资源空间分布也具有显著影响。15岁及以上人口是我国接受高职教育的适龄人口,为了保证生均职业学校数量的平衡,适龄受教育人口增多将引发对职业院校数量或规模需求的提升。这一定程度上可以解释我国高职教育资源在省域层面的不均衡状态,人口大省的空间背景更有助于优质高职教育资源的集聚,中小城市优质高职教育资源难以形成规模。由此可见,对于优质高职教育资源的追求在大中小城市之间存在明显差异。三是交互探测发现大专及以上学历人口占比与其他因素交互作用明显,人口素质与人口结构、人口规模、文化传统等因素交织在一起,影响着人们的高等教育诉求。优质高职教育资源的形成和发展需要高等教育环境和人口素质的优化与提升。

第五节 我国优质高职教育空间布局的优化路径

我国优质高职教育资源在全国范围内呈现为聚集式分布。为更好发挥优质职业教育资源的示范带动性,防止"马太效应",促进教育公平与质量提升,有必要进一步探索空间布局的优化路径。

一、统筹规划,坚持均衡视域下的差异化发展

职业教育与经济产业发展、人口规模与素质、教育发展状况紧密相关,受这些因

---

① 毛丰付,罗刚飞,潘加顺.优质教育资源对杭州学区房价格影响研究[J].城市与环境研究,2014(2): 53—64.

素的综合影响,优质高职教育资源总是趋向于在"高效益"地区聚集。虽然地区间差异化发展不可避免,但是任由地区分化所带来的优质高职教育资源配置不平衡长期存在的话,将进一步导致地区间高职教育发展失衡。因此,要坚持差异性与均衡性并重原则,做好统筹规划,优化资源空间布局。

一是政府统筹,做好政策引导。我国七大地理区域的经济、人口与教育发展情况不尽相同。高职教育是公共事业,作为准公共产品,在秉持公益性的同时,受到市场规律和竞争法则影响,追求集聚效益不可避免,如大学城、职教中心港的建设等等。因此,政府需通盘考虑,以决策为指引,辅之以财政、金融政策工具;既发挥市场在教育资源配置中的高效作用,又加强政府的托底功能;促进优质高职教育资源与区域需求相匹配,在满足区域发展需求的基础上,逐步均衡优质高职教育资源在全国范围内的合理布局。二是充分发挥数字技术优势,重塑高等优质职教资源的空间布局。以职业教育数字化转型发展为策略,以数字治理为引领,以国家职业教育智慧教育平台为依托,以数字化教育资源建设为基础,以职业教育教育教学改革为核心,全方位推动职业教育组织架构、课程内容、教学过程以及评价变革创新,以数字技术打破优质教育资源的物理环境限制,在数字时空中实现优质职教资源的空间布局均衡。

二、共享融合,发挥热点区域的辐射带动作用

我国教育资源的空间非均衡性深受中国教育属地管理体制和行政资源非均衡分布的影响。除国家推动下的跨区域教育资源交换行动外,教育资源(含人/编制、物质/预算和理念/政策)的发展和流动带有强烈的地方性质和领地性。[1]教育资源有限情况下,实现高等职业教育优质均衡,需要打破当前教育资源的地方性限制,实现跨行政区共享。

一是加强高职教育省域之间以及省内空间联系,促进高职教育资源的空间流动,实现联动发展,即热点地区、核心优势区对周围省份的带动,省会城市对省内的带动,

---

① 周志忍,陈家浩.政府转型与制度构建:中国教育资源配置的政治分析[J].行政论坛,2010(4):1-7.

发挥好集聚效应、示范效应和辐射带动作用。[①]通过区域联通互动,发挥优质高职教育的空间溢出和扩散效应,带动高职教育落后区域发展,实现全国范围内的均衡。二是拓展优质高职教育资源覆盖范围,实现集聚性向放射性转变。通过人员互动与资源共享,即选派专业教师、管理人员,以人为载体,将优质教育资源输送至薄弱区域,并借助数字技术优势,实现优质教育资源的再生发展与共建共享。借助优质职业教育资源的辐射作用,减少区域教育资源整体势差,以资源均衡撬动教育均衡发展。

三、特色发展,与区域经济社会发展良性互动

高职教育已成为经济新常态中发挥技术创新作用的关键依托,也是区域科技创新和经济增长的重要动力。[②]优质高职教育在追求区域均衡发展基础上,需结合区域产业发展需求以及未来人口变化趋势,实现特色发展。

一是围绕区域产业发展所需,合理配置优质资源,增强高职教育与区域经济发展的适应性。我国七大区、30 个省经济发展存在较大差异,不同地区的产业优势、产业链水平大不相同,优质高职教育资源配置需要与所处区域产业发展以及产业链需求紧密结合。例如,我国东北、西北地区现代装备制造业大而不强,现代服务业发展严重滞后;江苏虽然整体经济水平发展较高,但是,总体产业链仍处于全球偏低水平等。因此,既需要优质高职教育资源的规模发展,更需要在更高层次上实现优质教育资源的合理布局。二是结合人口发展趋势,特别是区域劳动力人口结构变化,提前谋划优质资源布局调整。既要满足区域当前劳动力市场需求,也要结合人口出生率走低、老龄化加速、城乡流动加剧等现实问题,根据劳动力需求预测及未来产业发展需求,提前做好优质职教资源在区域范围内的规划。

---

① 钟秉林,王新凤.新发展格局下我国高等教育集群发展的态势与展望[J].高等教育研究,2021(3):1-6.

② 徐伟.中国省域高职教育空间联系演化特征及其经济增长效应研究[J].职业技术教育,2021(21):45-49.

第九章　高职院校产业学院建设：
实践动因与行动路径

2017 年，十九大报告提出了关于完善职业教育和培训体系，深化产教融合、校企合作的重要论述；2021 年发布的《关于推动现代职业教育高质量发展的意见》提出，"推动校企共建共管产业学院、企业学院，延伸职业学校办学空间"。由此可见，产业学院作为当前职业院校新的办学形态，对创新校企合作模式、实现产教深度融合具有重要意义。因此，本书以高职院校产业学院为研究对象，选取多源流理论和复杂适应系统理论作为建设动因和实践进路的理论基础，在对产业学院政策如何出台以及落地的基础上思考产教融合背景下的产业学院建设框架，期望能够为高职院校产业学院建设提供理论指导与行动参考。

第一节　高职产业学院内涵及意义

《关于深化产教融合的若干意见》(2017)提出，"鼓励企业依托或联合职业学校、高等学校设立产业学院"，[①]这是首次在国家政策文件中使用"产业学院"一词。《现代产业学院建设指南（试行）》(2020)强调"面向行业特色鲜明、与产业联系紧密的高校，重点是应用型高校，建设一批产业学院，产业学院建设要坚持育人为本、坚持产业

---

① 国务院办公厅.《关于深化产教融合的若干意见》.[EB/OL].http://www.gov.cn/zhengce/content/2017-12/19/content_5248564.htm,2017-12-05.

为要、坚持产教融合，创新人才培养模式，提升专业建设质量。"①那么，何谓高职院校产业学院？

目前对于高职院校产业学院的理解主要有三种观点：

一是联合体学说，认为产业学院是为了有效实现工学交替人才培养，由高职院校和具有相当规模的企业在理念、机制、模式、条件上形成的产学研一体化深度合作、互动双赢的校企联合体（徐秋儿，2007）。②

二是属性关系学说，认为产业学院是独立的高职院校基于服务对象而表现出来的一种整体属性，即学院在专业设置、人才培养、技术培训、技术咨询和开发等方面具有明确的产业服务面向，在办学过程中与该产业的龙头企业有着全方位、多层次、多功能产学深度合作关系（邵庆祥，2009）。③

三是办学机构学说，认为产业学院是以行业专门人才培养、企业员工培训、科技研发、文化传承等为共同目标指向而构建的全程融入行业、企业元素的二级学院或以二级学院机制运作的办学机构（李宝银等，2015）。④

基于上述研究，本书将高职院校产业学院定义为：为解决技术技能人才供需矛盾，学校与企业联合、共同培养人的新型产教融合型组织，是围绕产教融合、校企合作衍生的新型办学形态。产业学院建设目的是要完善高职院校产教融合、协同育人机制，构建高等教育与产业集群联动发展机制，打造融合人才培养、科学研究、技术创新、企业服务、学生创业等功能于一体的新型人才培养实体。⑤

---

① 教育部办公厅工业和信息化部办公厅关于印发《现代产业学院建设指南（试行）》的通知[EB/OL].http://www.moe.gov.cn/srcsite/A08/s7056/202008/t20200820_479133.html.

② 徐秋儿.产业学院：高职院校实施工学结合的有效探索[J].中国高教研究，2007(10)：72-73.

③ 邵庆祥.具有中国特色的产业学院办学模式理论及实践研究 [J]. 职业技术教育，2009(4)：44-47.

④ 李宝银，汤凤莲，郑细鸣.产业学院的功能设计与运行模式[J].教育评论，2015(11)：3-6.

⑤ 教育部办公厅 工业和信息化部办公厅关于印发《现代产业学院建设指南（试行）》的通知.[EB/OL]. http://www.moe.gov.cn/srcsite/A08/s7056/202008/t20200820_479133.html

第二节　理论基础与分析框架

借鉴多源流理论和复杂适应系统理论对高职院校产业学院建设动因与实践推进展开思考,构建"问题流—政策流—政治流"动因分析框架以及"系统复杂性—主体适应性—行动交互性"的实践推进框架,探明新时代高职院校产业学院建设动因及其实践逻辑。

一、多源流理论与动因分析框架

多源流理论由美国政策科学家约翰·W·金登通过改造"组织选择的垃圾模型"发展而来,主要包括三个因素:问题流、政策流和政治流。问题流主要探讨问题如何引起政府决策者的关注,它包括指标、聚焦事件或反馈机制。政策流主要涉及问题的潜在解决方案,并允许个人或团队对解决方案进行争论和修改。参与这一过程的政策共同体通过不同思想间的博弈以影响议程设置的进程。政治流由国民情绪、压力集团间的竞争、选举结果、政党或者意识形态在国会中的分布状况及政府变更等因素构成,各主体为了获得利益而试图达成联盟。[1]问题流、政策流以及政治流自成一体,单独发展,但当时代节点出现并与之汇合时,"政策之窗"随即打开。多源流理论的最大贡献是对政策制定过程进行开创性的解释,被视为公共政策研究领域的有效分析工具。[2]被引入我国以后,其研究角度与分析创见不断得到丰富与延伸,在各类学科的理论视域中均有体现。

作为解释和分析政策变迁和演进的客观理论,多源流理论在探究高职院校产业学院建设动因问题上同样具有重要价值,为动因剖析提供了解释性理论依据。本研究以多源流理论为基础,探索高职院校产业学院建设的生成动因,发现该理论与研究问

---

① 约翰·W·金登.议程、备选方案与公共政策(第2版)[M].丁煌等,译.北京:中国人民大学出版社,2017:.89-150

② 罗红艳,吴丹.高校教师离岗创业的政策变迁过程:一个多源流的解释性框架[J].河南师范大学学报(哲学社会科学版),2022(4):30-36.

题在以下三方面高度契合：

第一，高职院校产业学院建设是为了解决"两张皮"问题，即人才培养供给侧和产业需求的重大结构性矛盾，[①]着眼于产教融合不深入问题，促进教育链、人才链与产业链、创新链有机衔接，实现人力资源供给侧结构性改革，对我国全面提高教育质量、扩大就业创业、推进经济转型升级、培育经济发展新动能具有重大意义。

第二，前期职业教育有关产教融合的政策、专家学者对良治的学术思考以及粤港澳大湾区产教融合示范与经验为建设中国特色产教融合制度提供了发展方向与灵感。

第三，我国政府一直致力于推动职业教育在教育体系取得和普通教育齐平的位置，重视在战略高度上审视职业教育发展，力求构建符合中国特色社会主义的现代职业教育体系。与此同时，社会民众也对职业教育的高质量发展热切期待。综上，高职院校产业学院建设问题符合多源流理论有关问题、政策和政治三大源流的论述，因此，通过多源流理论可以更加明确地了解高职院校产业学院的生成背景。

二、复杂适应系统理论与实践推进框架

1994 年，复杂系统理论（Complex Adaptive System，CAS 理论）由美国的密歇根大学教授 John Holland 在《隐秩序——适应性造就复杂性》书中首次提出。他认为，"复杂适应系统具有普遍性，其基本特征是由多个拥有认知的智能体构成，是一个自组织网络，在混沌边缘共生进化，不断重构和演化"。[②]复杂适应系统的形成源于主体的适应性，主体（个人、组织或其他生物体）出于自身生存和发展的本能需求，主动与环境和其他主体相互作用，在学习、交流和经验积累中不断改变自身结构和行为方式，旨在以最佳的适应状态寻求自身利益最大化。这一过程发生在各个主体之间以及主体与环境互动之中，形成底层的、局部的相互作用，当众多底层局部效应连成一个整体时，复杂适应系统便形成了。这时，一些新的结构、功能、属性、状态会在系统层面突然诞

① 国务院办公厅印发《关于深化产教融合的若干意见》[EB/OL].http://www.gov.cn/zhengce/content/2017-12/19/content_5248564.htm.

② [美]约翰·霍兰.隐秩序——适应性造就复杂性[M].周晓牧,韩晖,译.上海:上海科技教育出版社,2000:67.

生,即"涌现"。[①]利用 CAS 理论分析高职院校产业学院建设的实践逻辑,并在实践逻辑的指导下生成实践进路,依据的是 CAS 理论特性形成的分析框架。

第一,系统具有复杂性。职业教育本身具有多重特性,是一个由教育、经济、社会等复合而成的复杂适应性系统,高职院校产业学院建设体系可视作 CAS 系统,寓于系统中的政府、学院、教师、企业、行业等元素紧密联系成多元主体合作系统,建设过程即各主体根据自身资源和发展诉求进行利益博弈的过程,造就了该实践系统极大的复杂性,需要借助 CAS 理论关于"适应性造就复杂性"的核心思想求解。

第二,主体具有适应性。高职院校产业学院多元建设主体是适应性主体,虽然系统中的多元利益主体在个体属性与性能发挥上各有不同,但能够在利益博弈中不断做出适应性调整,不断"学习"和"积累经验",使主体产生自身演化,进而影响整个系统的层次、结构,最终形成利益共同体,产生公认的最优协作方案,这一特征与 CAS 理论中提出的"适应性主体"概念完全相符。

第三,运行具有交互性。运行是高职院校产业学院各类主体参与建设中产生互动的过程,面对国家建设技能强国的战略需求,建设主体形成命运共同体的团结和凝聚取向为利益相关者在此过程中更加良好的协同与更深层次的交互创造了机会。对此,CAS 理论相关阐述可以就实践逻辑与策略给出科学解释并提供全新的研究视角。

第三节　现代产业学院建设的实践动因与进路

一、实践动因

实践动因是高职院校产业学院建设问题如何成为职业教育重要议题的促成缘由。在多源流理论的指导下,由问题源流、政策源流和政治源流组成,三源流汇合开启政策之窗,即触动实践建设开关。

（一）化解高职院校产教融合发展之困境

问题识别是修法进程的逻辑起点,通常借助确定的、普遍的、有影响力的、具有重

---

① [美]约翰·霍兰.涌现:从混沌到有序[M].陈禹,方美琪,译.杭州:浙江教育出版社,2022:307.

大意义的指标,通过社会热点、突发事件等的推动,基于公众或政府层面的反馈信息,在相关政策的助力下进入决策者视线,从而成为政策问题。①高职院校产业学院建设动因包括以下三点:

第一,产教融合是我国经济向好发展的新引擎。信息化革命催生新知识经济时代,创新科技与产业发展带来新的挑战与机会,与此同时,数字技术的快速发展推动数字经济不断打破原有边界,成为推动各国经济发展的新增长点。②尤其是 2020 年新冠肺炎疫情蔓延,进一步推动了数字技术在社会各个层面的深度运用,提升了生产效率和经济运行效能,成为生产力变革的重要推动力量。③数字化这类发展新节点正赋予产业以新的内涵,成为各国争夺竞争力的新兴指标,对各国政治、经济、文化产生重要影响。党的十九大报告中明确表述:我国经济已由“速度增长”转向“质量发展”阶段。面对激烈的国际形势,利用新的经济引擎驱动经济增长是我国经济稳中向好的发展利器。同样,经济上的“质量时代”在人才需求上体现为向高质量的复合型人才转变。产教融合作为产业转型升级、创新科技发展、职业人才培育的核心要素,在我国经济发展新时期中以资源集中配置与“商教一体”的创新机制实现了产业链、教育链、创新链、人才链、技术链的有机衔接,验证了技术技能型职业人才与产学研创共生发展的可行性,使得产教融合成为促进我国产业发展和技术迭代升级,服务经济高质量发展的战略途径。因此,原先对“产教融合发展”以及“产业学院建设核心”的提法在新的历史时期延伸为教育链深度嵌合产业链而革新人才队伍,由“教产结合”延伸为整体意义上的国家经济发展战略。

第二,人才培养供给侧和产业需求侧适应矛盾。我国人才培养供给侧和产业需求侧适应矛盾体现为两方面:其一,技术技能人才供给根本性缺失。人力资源和社会保障部 2021 年第三季度对全国 80 个城市劳动力市场供求状况的调查分析表明：市场

---

① 祁占勇,王书琴,何佶石.多源流理论视域下新职业教育法的修订过程研究[J].教育与职业,2022(15):10-17.

② 潘晓明,郑冰.全球数字经济发展背景下的国际治理机制构建 [J].国际展望,2021(5):109-129.

③ OECD.Digitalization and Productivity:a Story of Complementarities.OECD Economic Outlook,2019(1):56.

更加需要的是具有一定专业技术水平且获得等级职称的劳动力；相比 2020 年,技师或高级技师及技能人员显然更受市场欢迎。劳动力市场的供需不平衡恰恰表明我国仍然存在技术技能人才短缺,无法满足市场需求的状况。①我国职业人才数量呈较大缺口,一方面由职业教育社会认可度低所致,另一方面是因为部分职业院校人才培养投入仍然不足,再加之实训基地的管理制度不健全、资产多头管理、职责不明确等问题,实际人才培养实力还相对较弱,且人才上升通道依旧不畅,因此高层次技术人才的培养仍处于瓶颈阶段。其二,人才培养效率与质量与劳动力市场需求严重脱节。人才供给与市场需求不符主要是专业结构与产业布局匹配性差和产教融合不足所致。人力资本结构和产业结构是否匹配决定产业结构转化程度的高低,现有职业院校专业同质化现象严重,忽略产业发展与市场用人需求,专业脱离岗位而设。另外,高职院校产业学院其他利益主体参与低迷,产教融合不深,技能人才供给和产业需求还不能完全契合,"两张皮"问题依然存在。而行业企业与职业教育的融合程度对职业院校人才培养质量的高低有直接影响。②

第三,现代职业教育体系不健全。我国职业教育建设工作一直以体系建设为抓手,逐步完成数量与规模扩张向内涵拓展的健全式发展。但在构建完善的现代职业教育体系的过程中,仍出现一些阻碍健全体系建设的因素:第一,民众对职业教育存在认知偏见。2021 年《中国职业教育发展大型问卷调查报告》显示当前职业教育发展面临的最大困难是社会认可度,占比达到了 68.62%。③造成职业教育社会认可度低原因众多,"学而优则仕"等传统思想、职业人才晋升通道不畅使其自然而然地沦为与普通教育不对等的地位,相应地,技术技能人才也无法得到应有尊重。此外,职业院校办学质量低也是职业教育无法满足社会期待的重要原因。第二,普职融通机制不畅。一直

---

① 中华人民共和国人力资源和社会保障部.2021 年第三季度百城市公共就业服务机构市场供求状况分析报告 [EB/OL].(2021-11-19).http://www.mohrss.gov.cn/xxgk2020/fdzdgknr/jy_4208/jyscgqfx/202111/t20211119_428225.html.

② 王玉龙,郑亚莉. 职业教育高质量发展的问题诊断与路径选择[J].中国职业技术教育,2020(13):58-63.

③ 光明网.《中国职业教育发展大型问卷调查报告》发布 [EB/OL].(2021-4-30).https://edu.gmw.cn/2021-04/30/content_34815687.htm.

以来,我国大力推行普职融通,通过学分银行、个人学习账号等实现了初步融合,为更多职业院校的学生提供了接受不同层次教育的平台与方法,但相较于普通教育,职业教育并未真正实现有效融通,在不同层次的职业教育之间和与普通教育之间的融合仍旧不足。第三,以全民终身教育为主旨的职业教育体系仅停留在理想阶段,实践付诸困难。知识经济时代对职业教育提出了新的要求,互联网技术扩展了职业教育的时空概念和对象范围,依托职业教育多渠道扩大终身教育资源可以更好地满足不同群体的多元化学习需求。基于此,我国颁布了相关政策,但整体推进效果仍不理想。

(二)建立中国特色的产教融合制度

问题源流为政策源流奠基,基于"建立中国特色的产教融合制度"的共同目标,相关部门在产教融合相关政策方面进行了探索,专家学者在学理层作出理论阐释与解读,产教融合先行区与示范区也逐渐开始了诸多行动尝试。

第一,相关部门前期产教融合类政策的奠基。我国开展产教结合的探索和实践由来已久,自20世纪90年代初,我国职业教育提出和实施"三教统筹""三改一补"以来,开始逐渐探索和推动职业院校与企业进行产学合作育人,校企合作是职业教育发展的必由之路,是提高职业教育质量的根本途径逐渐成为共识。"十一五"以来,教育主管部门从政策上大力推进校企合作,在多项政策、制度的研究制定过程中,突出将产教结合、校企合作作为工作任务的重点。2005年国务院颁布《关于大力发展职业教育的决定》,首次提出"办学实体",推动了办学体制改革,但未涉足关于办学实体的路径建设。2014年,国务院发布《关于加快发展现代职业教育的决定》,指出如何构建办学实体,表明:"引导支持社会力量兴办职业教育,探索发展股份制、混合所有制职业院校"。教育部在2015年印发《高等职业教育创新发展行动计划(2015—2018年)》,此计划提倡企业和公办高职院校发挥各自优势共建混合所有制二级学院,促进了合作深入。2017年,《国务院办公厅关于深化产教融合的若干意见》一文中引入"产业学院",提倡企业办学,这是产业学院首次在国家政策文件中出现。这是首次在政策文件中鼓励企业依托职业学校、高等学校平台设立产业学院。2020年,教育部办公厅、工业和信息化部办公厅颁发了《现代产业学院建设指南(试行)》,对产业学院建设作出了聚焦化指导,也标志着高职院校产业学院迈入提质增效的发展阶段。在政策不断发布与出台的过程中,各方在不同的意见和方案中不断博弈,从竞争与妥协中为产教融合真正地酝酿与实践奠基。

第二,专家学者在学理层面作出阐释和解读。我国推动职业教育发展,促进工学结合、产教结合、产教融合经历了一个较为漫长的过程,在这个过程中,来自学术界的研究机构、院校、行业企业专家、研究人员和实践者们逐渐认识到产学研结合的现实意义和重要性,并在理论和实证研究的基础上,对制定综合性产教融合政策的必要性和可行性进行了深入探讨。多方力量提出的研究建议和方案不断涌现,为产教融合备选方案的选择和政策建议提供了决策参考。理论层面的阐释和解读对实践具有较强的指导作用。学者余秉全和覃晓航第一次在论文中引用了产业学院一词。1988 年,学者覃晓航在《广西民族高等教育发展试探》一文中指出:"要根据当地经济发展需要,建立一所产业学院。"[1]学者余秉全在《大学教学质量的鉴定和评述》中提及"第三产业学院创立的系统评估法"。[2]但是,上述两位学者都是对产业学院名称的直接引用,并非产业学院的理解性论述,与当前高职院校产业学院相差较大。2003 年,《海峡科技与产业》发布了一则关于产业学院人事任命的通讯:"工研院产业教育学院已于近日正式运营,该院由量测中心主任徐章担任首任产业学院的主任。产业学院的定位是以亚太产业科技人才培育中心国际化营运为目标,预估初期年培训人才为 6000 人次,2008 年年培育高级人才,以 5 万人次为目标"。[3]由上可知,最初的产业学院以培养高级人才为发展目标。2006 年,学者袁嘉刚发表了我国第一篇以产业学院为研究对象的学术论文——《云南文化产业发展中的人才培养初探——兼论云南文化产业学院的创办》。[4]2007 年,学者徐秋儿以产业学院为名,发表学术论文——《产业学院:高职院校实施工学结合的有效探索》,此文对产业学院内涵进行了学术界定,认为产业学

① 覃晓航.广西民族高等教育发展试探[J].广西民族研究,1988(2):39-45.
② 余秉全.大学教学质量的鉴定和评述[J].比较教育研究,1988(2):28-32.
③ 港澳台机构·人物[J].海峡科技与产业,2003(5):46.
④ 袁嘉刚.云南文化产业发展中的人才培养初探——兼论云南文化产业学院的创办[J].云南社会主义学院学报,2006(3):50-53.

院是"与企业深度合作基础上建立的以教学为主体的实践教学基地"，[1]并在此基础上探讨了产业学院发展背景及运行方式，展望了后续发展，这标志着国内产业学院研究正式启动。[2]

第三，产教融合先行区的有益尝试与探索建设。从全国范围来看，部分地区先后出台了校企合作促进条例和办法，通过立法规范和推动职业教育校企合作工作。经过各地的探索和实践，积累了值得普遍推广的经验。自宁波 2009 年出台全国第一个《职业教育校企合作促进条例》以来，截至 2021 年 6 月，全国共有 26 个省市陆续完成了地方产教融合扩散与创新工作。其中，四川省、重庆市、吉林省等 17 个省市出台了《关于深化产教融合的实施意见》，浙江省、云南省、江西省等 5 个省市颁布了《关于深化产教融合的实施方案》，山东省出台了《关于深化产教融合推动新旧动能转换的实施意见》，福建省发布了《关于深化产教融合十五条措施的通知》，贵州省颁发了《产教融合建设试点实施方案》，宁夏回族自治区出台了《深化产教融合推进职业教育改革发展实施方案》，[3]政策呈现出自上级而下级扩散的特征。在实践发展中，产业学院作为现实中的实体组织，最早由浙江、广东等地区的高职院校通过实验建设工程的形式付诸实践。2006 年，浙江经济职业技术学院与浙江物产集团共同创建了物流产业学院和汽车后服务连锁产业学院，这是我国高职领域最早的产教融合式产业学院。[4]在试点建设影响下，高职院校产业学院建设转向了主动探索、积极实践，广东、江苏、浙江、福建等地的许多职业技术学院都开始与当地政府、企业、行业协会等共建产业学院。2009 年，广东中山职业技术学院依据"专业—专业镇"的产业需求，以"一镇一品一专业思路推进专业镇产业学院建设，相继成立了沙溪服装学院、古镇灯饰学院、南区电

① 徐秋儿.产业学院：高职院校实施工学结合的有效探索[J].中国高教研究，2007(10):72-73.

② 邓小华，付传.我国产业学院研究：演进历程、主题谱系与未来展望[J].高等继续教育学报，2023(2):27-34.

③ 陈衍，祝叶丹，倪钰荐.地方产教融合政策：扩散与创新[J].浙江工业大学学报(社会科学版)，2022(1):68-73.

④ 周红利.把产业学院建成企业人力资源的共享中心[N].中国教育报，2020-05-19(09).

梯学院和小榄工商学院"。①2012 年,宁波城市职业技术学院与当地知名的园林公司、物流公司、省创意设计协会和市旅游局分别组建了"滕头园林学院""九龙国际物流学院"、"视觉东方艺术学院"和"宁波旅游学院"。②这些地方性法律法规出台与实践层面的探索经验不仅与国家层面的政策制定形成了良好呼应,也为其他地区开展产教融合工作奠定了基础。

(三)发展高质量的职业教育

公共利益是公共政策的逻辑起点,③一项成熟政策面世的过程也是其中公共利益不断分配与调整的过程。在高职院校产业学院建设中,政府、学校、行业、企业、社会民众等利益相关者存在共同利益,即发展高质量的职业教育。鉴于如此图景,各方才能基于共同利益达成共识,不同主体的取向和利益能够适度调配。因此,产教融合相关政策制定的政治溪流主要是国民情绪和执政党意志。

第一,国家与政府对职业教育始终保持较高关注度。随着新经济社会发展,劳动力市场对于技术技能型人才的需求从量的提升转向数量与质量双维需求,为此,国家从加大资金投入、建立优惠政策制度等多方面保障职业教育发展,职业教育发展态势向好。事实上,党中央一直以来都坚持将教育置于优先发展之地,坚持职业教育与普通教育同发展,共进步。2021 年 4 月,习近平总书记对职业教育作出重要指示,强调"职业教育前途广阔、大有可为",言简意赅地指出了职业教育在全面建设社会主义现代化国家中的重要作用,并从类型定位、育人机制、保障机制等方面阐述了职业教育发展面临的理论及现实问题。这进一步提高了职业教育的站位。新修订的《职业教育法》总则第四条中新增了"职业教育必须坚持立德树人、德技并修""培育劳模精神、劳动精神、工匠精神"等表述,这正是党和政府的理念在修法中的体现。在党和国家领导人的高度重视下,我国职业教育进入提质培优阶段,为职业教育法的修订营造

---

① 范旭东.我国产业学院的历史沿革与发展趋势[J].广东水利电力职业技术学院学报,2023(1):55-58.

② 刘雄平,肖娟.地方本科高校产业学院的建设历程及主要问题探究[J].佛山科学技术学院学报(自然科学版),2020(5):48-52.

③ 李玲玲,梁疏影.公共利益:公共政策的逻辑起点[J].行政论坛,2018(4):70-75.

了良好的政治环境。从上述我党的宗旨和意志到政府的指示和规划，都明晰了党和国家对推动职业教育高质量发展坚定不移的态度。在我国经济转型的关键时期，实现经济高质量发展，必然要求培养高质量技术技能人才，职业教育作为技术技能人才输出的重要关节，必然要秉持着"让每个人都有人生出彩的机会"的思想，实现职业教育高质量发展。

第二，公众对职业教育高质量发展的情绪迫切。国民情绪是大多数民众对于某一问题的共同思想倾向或利益表达，存在于个体的内心，但孤立的观点看法和情感态度缺乏力量，需要通过舆论的形式表现出来，并与报纸、网络、期刊等媒介环境深度融合，在持续发酵和互动中形成巨大的舆论压力。[1]随着我国进入中国特色社会主义新时代，我国的主要矛盾发生了改变，人民群众的教育需求也随之发生了变化，高水平、高质量、多样化、个性化的教育成为大众的期盼。职业教育作为一种类型教育满足了学生的多样化需求，给学生提供了另一种实现人生价值的机会。但是职业教育社会认同度低，教育质量差让大众对选择职业教育通道持观望和怀疑态度。即便普职协调发展的"分流"做法也不能够化解认同危机，家长与学生只是被动选择，偏见并未消解，反而引起对抗情绪和升学焦虑。职业教育的社会认同危机本质上是公民期望与社会现状存在差异，而当出现了公意性的诉求时，问题便转变成了公共问题。[2]不满与抵触的情绪侧面反映了职业教育的重要位置，我国民众对职业教育的怀疑同样反映了对高质量职业教育的殷切期盼。

二、实践进路

高职院校产业学院建设系统本身是一个复杂适应系统，其中蕴含着多重建设组织和参与主体，在不同方面与层次以多种形式产生不同内容和程度上的互动。这与CAS 理论所具有的组织复杂属性、主体适应属性与运行交互属性相符，故可以 CAS

---

① 付从荣,许佳丽.职业本科教育缘何成为国家行动——基于多源流理论视角[J].教育理论与实践,2023(21):19-25.

② 陈庆云.公共政策概论[M].北京:中央广播电视大学出版社,2003:7.

理论内隐特征为参照,从理念、组织及制度三方面生成高职院校产业学院建设之实践进路。

(一)理念更新:构建产教融合新型组织,培育产业复合型人才

高职院校产业学院建设组织由众多建设主体组成,构成要素复杂,组织的复杂性符合 CAS 理论复杂性特征。理念是一个组织、集体赖以运行的头部准则,体现了时代的缩影,更是整体组织开展行动所参照和依据的行为范本。理念并非一成不变,而是根据外部环境、内部运转等方面的条件不定时淘汰、改进、更新甚至颠覆。从理念视域来看,理念更新指各个参与主体组成的建设组织解放思想,具备与时俱进的建设理念,即构建产教融合新型组织,培育产业复合型人才。在高职院校产业学院建设问题上,一直强调"政校行企社"命运共同体形式,主张"合作""协同"与"共同参与",从建设成效来看,整体建设过程不乏推诿责任、权不对责等问题,理念无法指导实践,建设流于形式,不甚理想。究其根本,未遵循"产教双重逻辑",[①]忽视了高职院校产业学院建设的本质意蕴——产教融合。职业教育产教融合的本质是在社会主义市场经济体制下,重构职业院校与企业之间的组织关系。[②]因此,以"产教融合"为核心,更新建设理念,构建产教融合新型组织,培育产业复合型人才,这是迎合时代需求,满足产业发展,符合人本取向的建设准则。一方面是新型产教融合组织的构建,不再一味地推崇"共"与"同"思想,而是在产业界与教育界中有所选择,取舍性地引入具备产教融合组织核心需求的相关部门,明确权责,对权责所属不详或交叉部分在建设实操中不断厘清,尽快确定内容所属,真正地寓产于教,产教结合;另一方面是培育产业复合型人才,对接区域产业发展,在教育、产业、创新、人才、技能方向的引领下,打破技术、产业与专业的壁垒,按照产业发展对技能人才的定位进行教育资源整合,增强学科与学科之间的关联性,融合同类专业,打通教学大纲、课程内容、教育教学、师生框架等方面的隔阂,创设复合型技术技能人才体系,满足当前产业聚合式与创新型发展对职业人

① 赵昕,高鸿."产教"双重逻辑下高职产业学院建设:内涵、动因与推进路径[J].职业技术教育,2023(15):40-44.

② 郝天聪,石伟平.从松散联结到实体嵌入:职业教育产教融合的困境及其突破[J].教育研究,2019(7):102-109.

才的新要求。

（二）组织变革：构建产学研创生态系统，打造协同发展新格局

高职院校产业学院组织包含多重主体，需要基于生态系统与协同格局的复杂性提高主体在组织中的适应性，这与 CAS 理论中适应属性相符。生态系统概念属于生态学中的内容，引用在教育学中多应用于体系或机制等路径型问题解决中，高职院校产业学院建设提倡"产学研创生态系统"与"协同发展格局"的构建，但并未形成"产—学—研—创"四位一体良好运转局面和"真协同"发展格局。将其置于 CAS 理论框架下，利用该理论复杂、适应和交互的特征重新审视与考量症结所在，促进高职院校产业学院组织良性变革。首先，围绕"区域产业、教育教学、科学研究、创造创新"中心发展生态系统，注重系统的开放性、循环性与随意性。在"产学研创"生态系统中，不能割裂四项内容的关系，而是将其视作整体，打造"产学研创链"，增强"产—学""学—研""产—创""创—学"等 12 对关系的流动性与作用力。其次，以创新为引领要素保持系统与新格局的组织活力。创新是"产学研"其他三项内容发展的内驱力，在创新战略的引领下，注重产学研相结合，将教学资源高度整合，适应产业升级的需求，推动成果转化，加速企业技术创新；同时，组建创新型教师团队，注重培养学生创新能力，鼓励教师和学生共同参与创新创业研究，为产业学院发展提供不竭动力。最后，借助共同的价值观与文化搭桥，提升各方协同发展意愿。协同发展新格局中的各方需要加强沟通，呈现合作诚意，既要设立原则与底线，在此基础上明确办学理念，明晰利益分配，让协同办学者看到学院发展潜力与可能，争取利益共赢结果；也要树立"以人为本、以生为根"的文化旗帜，不论是产业发展，研究创新，还是教育教学，人是一切理念与行为外化的途径，教育的一方以生为根本，其他各界建设者将自身文化与教育教学结合，培养学生的职业素养和工匠精神，不断适应校园文化，注重以文化人，而非对抗与竞争，要多组织师生到企业参观学习，多进行文化建设活动，营造良好的学习氛围。

（三）制度保障：创设激励与保障体系，促进释放内源性建设动力

制度（Institution）是社会科学里常用的概念。从社会科学角度来讲，制度泛指规则或者运作模式，主要体现的是社会的运行秩序。制度作为一种外在准则或守约，具有规范、限制和保障作用。在高职院校产业学院建设中，制度约束和保护的是主体所在的各组织，其目的是通过某种硬性前提促使主体主动与环境和其他主体相互作用，提

高建设主体适应性。当前,高职院校产业学院建设缺乏适应性的激励与保障体系,导致其内生建设动力不足。从激励与保障两方面布局制度保障,一方面,为一些小而弱的产业学院兜底保障,帮助其克服交互不够、运行不畅等困境;另一方面,激励制度能有效地奖励与激励高职院校产业学院主动而为,努力提高主体适应力,产生广而深的交互,克服系统的复杂性,高质量完成建设工作,符合 CAS 理论适应性与交互性特征。制度保障要求创设激励与保障体系,以外在的强制性规定为突破口,逐步打开与释放建设主体内源性参与动力,演化为主动的内生型建设冲动。在宏观制度方向上,地方政府应根据当地产业发展的需要、企业和学校各自的特点,结合国家对产业学院的建设方向和要求,出台相应的法律法规和扶持政策,明晰产权分配,确保在权利义务、主体责任上有所参照,制定激励保障机制,厚植企业承担职业教育责任的社会环境,使企业积极参与到产业学院的建设和管理中,发挥好政府的主导作用。在制度执行机构上,目前多数产业学院缺乏科学的管理体系,职业院校按二级学院管理仍占主导,导致行政管理泛化。因此,现代产业学院管理中,企业、行业组织也要一同参与进来,设立管理机构,建立健全理事会制度,明确各主体的权利、责任和义务,使多方达成共识,激发企业参与的内驱力,实现共建共享。在制度细则上,严格考评监管制度是产业学院的质量保障。产业学院是多方共管共治共培,教学成果不仅体现在学校学习时的成绩,更应将企业实习、就业、职业发展纳入考评中,多维度考核学生将知识和技能应用于实际生产工作中的能力,这样更便于发现问题、调整战略,准确地剖析成绩和差距,同时也能检验人才培养是否按照既定的方向发展,明确在产业学院运行中校企双方是否完成各自承担的任务目标。

第十章　服务技能人才培养的职业教育研究：核心问题与政策构想

——基于"十二五""十三五""十四五"规划国家职教课题的分析

建设技能型社会,提高职业教育质量,增强职业教育适应性需要加强职业教育理论研究,及时总结中国特色职业教育发展规律,构建中国特色职业教育思想体系、话语体系、政策体系和实践体系。因此,以"十二五""十三五""十四五"期间国家职教立项课题为研究对象,分析我国职业教育研究现状,预测未来发展趋势,具有重要价值和意义。

第一节　研究设计

一、数据来源与研究对象

全国教育科学规划项目和教育部人文社科研究的职业教育立项课题是国家和教育部设立的资助项目,是我国职业教育研究领域中层次最高、权威性最强、影响力最广的学术研究项目。设立国家资助项目的目的是加强我国职业教育研究力量,提升职业教育学术水平和研究实力。本研究采用的数据来自全国教育科学规划领导小组办公室网站(全国教育科学规划课题,以下简称为"教科规划")、中国高校人文社会科学规划领导小组办公室网站(全国教育科学规划课题,以下简称为"教科规划")、中国高校人文社会科学信息网(教育部人文社科规划项目,下文统一简称"人文社科")和中华人民共和国教育部官方网站公告栏发布的立项课题名单。时间范围涵盖"十二五""十三五""十四五"期间,具体设定为 2011 年至 2023 年,时间跨度 13 年。

根据数据统计,全国教育科学规划项目和教育部人文社科研究立项课题总数为 9406 项,根据课题项目名称、课题主持人所在单位以及其研究基础进行综合研判,筛选出国家职教立项课题 990 项,作为研究样本。鉴于部分职教立项课题为交叉学科研究,研究主题较难界定和分类,且无法查阅到第一手的课题申请书,所以本研究存在数据挖掘深度不足的天然缺陷。

二、研究方法与研究工具

本研究采用量化研究方法对 989 项国家职教立项课题数据进行客观、系统的统计分析。借用 Excel 对数据信息按照数量、区域、类别、青年占比以及隶属单位等维度进行归类、编码和处理,再借用微词云软件对课题立项名称进行主题词的提取与频次统计,然后再进行主题词聚类分析,形成职教课题研究的核心问题。

第二节　国家职业教育课题研究概况及特点

一、职教课题立项数及其占比:波动式提升,整体占比低

第一,课题立项数和立项数所占比率呈现波动式提升,研究整体趋势向好。2011—2023 年,全国教育科学规划课题立项共 6080 项,职教课题立项共 560 项,占立项课题总数的 9.2%。教育部社科一般项目立项共 3326 项,职教立项课题共 408 项,占立项课题总数的 12.2%,高于全国教育科学规划高职院校立项课题的比例。国家职教立项课题统计数据显示,职教课题比重走势呈现上下波动、总体稳定提升的趋势。对比人文社科和教科规划课题数量(如图 10-1、图 10-2 所示),发现人文社科项目中职教课题数量和比率增长尤为迅猛,从 2011 年 7.1%增长至 2023 年 20.6%,特别是 2020 年到 2023 年,比率由 16.9%增长至 20.6%。由此可见,教育部对职业技术教育的重视程度正在加强,职业技术教育的发展前景可期。

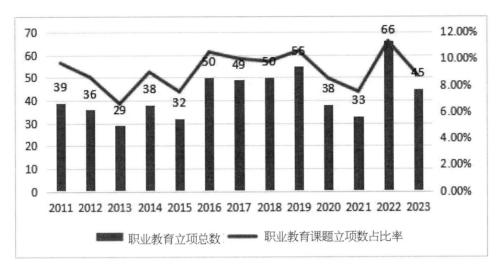

图 10-1 教科规划职业教育类立项课题数量图

图 10-2 人文社科职业教育类立项课题数量图

第二,国家职教立项课题占全部课题比率整体仍然偏低。2011—2023 年,全国教育科学规划课题立项共 6080 项,其中职教课题立项共 560 项,占全部立项课题总数的 9.2%。教育部人文社科一般项目立项共 3326 项,其中职教立项课题共 408 项,占立项项目总数的 12.2%(见图 10-3、图 10-4)。与其他课题数量相比,职教课题占比仍较小,说明职业教育作为类型教育在教育学大类中的研究力量仍稍显薄弱,职业教育科研力度有待加强。

图 10-3　教科规划职业教育类立项课题　　　　图 10-4　人文社科职业教育类立项课题

表 10-1　全国教育科学规划课题数量及占年度课题数量比例变化

年份 课题 类别	2011	2012	2013	2014	2015	2016	2017	2018	2019	2020	2021	2022	2023	总数
国家重大	0	0	0	0	0	0	0	0	0	2	0	1	0	3
国家重点	1	0	1	1	0	1	0	1	1	0	0	2	0	8
国家一般	9	5	7	9	5	10	17	15	20	17	15	28	22	179
国家青年	5	3	3	4	3	4	2	2	2	2	2	4	3	39
西部项目	0	0	0	0	0	0	0	1	5	0	0	2	0	8
教育部重点	17	20	14	16	15	22	22	23	20	11	11	20	14	225
教育部青年	7	8	4	8	9	13	8	8	7	6	5	9	6	98

续表

年份 课题类别	2011	2012	2013	2014	2015	2016	2017	2018	2019	2020	2021	2022	2023	总数
职业教育立项总数	39	36	29	38	32	50	49	50	55	38	33	66	45	560
教科规划年度立项总数	402	419	440	422	425	478	488	511	520	435	442	583	515	6080
职业教育课题立项率	9.7%	8.6%	6.6%	9%	7.5%	10.5%	10%	9.8%	10.6%	8.7%	7.5%	11.3%	8.7%	9.2%

表 10-2 教育部人文社科课题数量及占年度课题数量比例变化

年份 课题类别		2011	2012	2013	2014	2015	2016	2017	2018	2019	2020	2021	2022	2023	总数
职业教育一般项目立项分类	规划基金项目	18	16	15	17	16	14	11	20	9	18	20	24	28	226
	青年基金项目	7	12	9	8	18	9	17	18	13	19	13	12	26	181
	自筹基金项目	0	0	0	0	1	0	0	0	0	0	0	0	0	1
职业教育人文社科一般项目立项总数		25	28	24	25	35	23	28	38	22	37	33	36	54	407
教育学人文社科一般项目立项总数		351	344	250	230	266	193	259	285	240	226	200	220	262	3326
职业教育人文社科一般项目立项率		7.1%	8.1%	9.6%	10.9%	12.8%	12%	10.8%	13.3%	9.2%	16.4%	16.5%	16.4%	20.6%	12.20%

续表

年份 课题类别	2011	2012	2013	2014	2015	2016	2017	2018	2019	2020	2021	2022	2023	总数
职业教育人文社科西部和边疆项目立项总数	2	1	1	2	1	0	3	1	0	1	2	2	5	21
教育学人文社科西部和边疆项目立项总数	18	16	22	11	18	11	20	21	22	17	10	24	24	234
职业教育人文社科西部和边疆项目立项率	11.1%	6.3%	4.5%	18.2%	5.6%	0	15%	4.8%	0	5.9%	20%	8.3%	20.8%	9%

二、职教立项课题的区域分布：广泛分布，省域差异大

为全面考察各地区职业教育研究能力，以下是基于省（自治区、直辖市）对职教课题主持人单位所在地区分布进行考察，并按照立项课题数量进行降序排列（见表10-3、10-4）。按照行政区域划分，全国共华北、华东、东北、华中、华南、西南、西北七大区域。本研究按上述行政地区分布，对两类职教立项课题分别展开统计。

表10-3　全国教育科学规划立项课题省份数量统计表

序号	地区	立项数量	占比	序号	地区	立项数量	占比
1	江苏	61	10.9%	7	上海	39	7%
2	北京	58	10.4%	8	广东	36	6.4%
3	浙江	49	8.8%	9	重庆	24	4.3%
4	天津	44	7.9%	10	湖北	20	3.6%
5	山东	41	7.3%	11	江西	16	2.9%
6	湖南	40	7.1%	12	河北	14	2.5%

续表

序号	地区	立项数量	占比	序号	地区	立项数量	占比
13	辽宁	14	2.5%	22	安徽	6	1.1%
14	福建	12	2.1%	23	贵州	6	1.1%
15	陕西	12	2.1%	24	吉林	5	0.9%
16	河南	12	2.1%	25	云南	4	0.7%
17	广西	10	1.8%	26	西藏	4	0.7%
18	四川	8	1.4%	27	宁夏	2	0.4%
19	新疆	8	1.4%	28	海南	1	0.2%
20	山西	7	1.3%	29	甘肃	1	0.2%
21	黑龙江	6	1.1%				

表10-4　教育部人文社科立项课题省份数量统计表

序号	地区	立项数量	占比	序号	地区	立项数量	占比
1	江苏	77	18.9%	10	重庆	12	2.9%
2	浙江	71	17.4%	11	湖北	12	2.9%
3	广东	48	11.8%	12	广西	10	2.5%
4	湖南	32	7.8%	13	吉林	9	2.2%
5	山东	20	4.9%	14	安徽	7	1.7%
6	上海	20	4.9%	15	云南	7	1.7%
7	江西	19	4.7%	16	北京	6	1.5%
8	天津	16	4.2%	17	新疆	6	1.5%
9	河北	15	3.7%	18	四川	4	1.0%

续表

序号	地区	立项数量	占比	序号	地区	立项数量	占比
19	贵州	3	0.7%	25	海南	1	0.3%
20	辽宁	3	0.7%	26			
21	河南	3	0.7%	27			
22	山西	2	0.5%	28			
23	陕西	2	0.5%	29			
24	福建	2	0.5%	30			

全国教育科学规划课题中,职教课题华东地区立项 196 项,占总数的 33.6%;华北地区立项 123 项,占总数的 21.1%;华中地区立项 88 项,占总数的 15.1%;华南地区立项 59 项,占总数的 10.1%;西南地区立项 46 项,占总数的 7.9%;东北地区立项 25 项,占总数的 4.3%;西北地区立项 23 项,占总数的 3.9%。其中排名靠前的 8 个省份中,4 个为华东地区省份,2 个为华北地区省份,1 个为华中地区省份,1 个为华南地区省份,具体分别是江苏省 61 项,北京市 58 项,浙江省 49 项,天津市 44 项,山东省 41 项,湖南省 40 项,上海市 39 项,广东省 36 项,8 个省市立项数占全国总数的 65.8%(见表 10-5)。

表 10-5　全国教育科学规划立项课题区域数量统计表

	华东地区	华北地区	华中地区	华南地区	西南地区	东北地区	西北地区
职业教育教科规划课题立项数	196	123	88	59	46	25	23
职业教育教科规划课题立项率	33.6%	21.1%	15.1%	10.1%	7.9%	4.3%	3.9%

教育部人文社科一般项目立项中，职教课题华东地区立项 195 项，占总数的 47.9%；华中地区立项 66 项，占总数的 16.2%；华南地区立项 61 项，占总数的 15%；华北地区立项 39 项，占总数的 9.6%；西南地区立项 26 项，占总数的 6.4%；东北地区立项 12 项，占总数的 2.9%；西北地区立项 8 项，占总数的 2%。其中排名靠前的 8 个省份中，5 个为华东地区省份，1 个为华北地区省份，1 个为华中地区省份，1 个为华南地区省份。具体分别是江苏省 77 项，浙江省 71 项，广东省 48 项，湖南省 32 项，山东省 20 项，上海市 20 项，江西 19 项，天津市 16 项，8 个省市立项数占全国总数的 74.6%（见表 10-6）。

表 10-6 人文社科立项课题地区数量统计表

	华东地区	华中地区	华南地区	华北地区	西南地区	东北地区	西北地区
职业教育人文社科课题立项数	195	66	61	40	26	12	8
职业教育人文社科课题立项率	47.9%	16.2%	15%	9.6%	6.4%	2.9%	2%

总体来讲，我国职教立项课题地区分布广泛，省域差异较大，区域分布呈现明显不均。从地区划分来看，近十年职业教育课题的立项数量排在前三位的是华东地区、华北地区和华中地区，分别是 191 项、99 项、74 项，分别占职业教育立项总数量的 39.05%、20.25% 和 15.13%。两类科研项目立项数较多的省份大多分布在华东地区，可见立项数与地区的经济发展、高职教育普及程度密切相关。华东地区经济较为发达、城市居民人口多于农村人口，职业教育的发展速度和质量较好；而西北、东北地区经济发展速度、接受新事物的速度以及思想变化速度较慢，直接影响当地职业教育的发展。这表明雄厚的经济实力能促进该地区职业教育的可持续发展，为该地区的职业教育研究提供源源不断的有力支持，教育实力也增强课题立项竞争力。立项课题数量多的地区通常拥有更多高等院校，吸引了更多科研人才，其科研实力和学术氛围影响着科学研究，例如，北京职业教育科研具有明显的"虹吸效应"，成为职教科研高地。而课

题研究边缘地区缺乏"健全的科研管理体制与运行机制",无法吸引高层次人才流入,也无法有效阻止原有人才的流出。科研人才的不断流失形成了科研洼地,造成学术研究能力和成果存在区域化差异。[1]

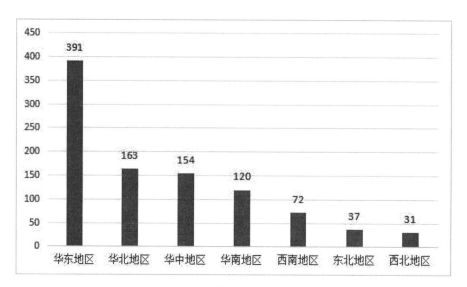

图 10-5　职业教育立项课题数区域数量统计图

三、职教立项课题的类别分布:广泛分布,类别集中

十余年来,职业教育国家课题分布趋于广泛,立项课题分布在教科规划和人文社科所包含的各项类别,但是立项课题类别总体来讲相对集中。其中,教科规划立项率最高的为教育部重点课题,占比达到 40.18%,其次为国家一般(32%)、教育部青年(17.5%)、国家青年(7%)、国家重点(1.43%)、西部项目(1.43%)和国家重大(0.53%)。如表 10-7 所示,职教课题在"国家重大""国家重点"课题类别中分布较少,大多分布在"教育部重点""国家一般""教育部青年"等课题类别中(见表 10-7),由此可见,职教研究今后应在"国家重大""国家重点"等类别上有所突破。

① 柳靖,种劼琳.我国职业教育立项课题的量化研究与推进路径——基于 2018—2022 年全国教育科学规划项目的分析[J].教育与职业,2023(16):11-17.

表 10-7　教科规划职教课题类别分布表

课题类别	职业教育类立项课题数量	占比
教育部重点	225	40.18%
国家一般	179	32%
教育部青年	98	17.5%
国家青年	39	7%
国家重点	8	1.43%
西部项目	8	1.43%
国家重大	3	0.53%

表 10-8　2011—2023 年"全国教育科学规划"中青年项目数量变化

年份 项目	2011	2012	2013	2014	2015	2016	2017	2018	2019	2020	2021	2022	2023	总数	比率
国家青年	5	3	3	4	3	4	2	2	2	2	2	4	3	39	7%
教育部青年	7	8	4	8	9	13	8	8	7	6	5	9	6	98	17.5%

表 10-9　2011—2023 年"教育部人文社科"中青年项目数量变化

年份 项目	2011	2012	2013	2014	2015	2016	2017	2018	2019	2020	2021	2022	2023	总数	比率
青年基金项目	7	12	9	8	18	9	17	18	13	19	13	12	26	181	44.5%

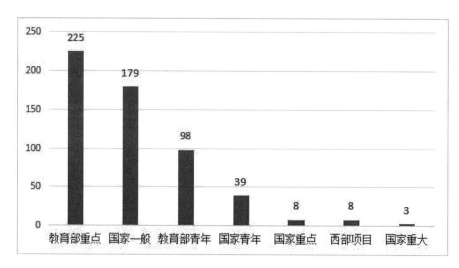

图 10-6 教科规划职教课题类别分布图

四、职教课题的青年研究力量:成为重要力量,科研实力有待提高

课题主持人是整个课题申请、立项以及未来开展研究的主体,通过分析 2011—2023 年职教青年立项课题,可以更好地观察、总结国家职教课题的研究方向和发展规律,进而了解我国职业教育的现状和改进趋势。如表 10-8 所示,通过比较"全国教育科学规划"和"教育部人文社科"中青年项目的数量变化,发现青年项目立项数呈现整体稳定、上下波动的趋势,其中"教育部人文社科"小幅增长明显。由此可见,我国职业教育科研队伍逐渐年轻化,中青年教师正在成长为学术研究的中流砥柱,中青年教师的研究成果逐渐得到肯定和认可,为职业教育科研的可持续发展提供了鲜活力量。

教科规划职业教育项目中,国家青年和教育部青年占比分别为 7% 和 17.5%,二者之和为 24.5%。人文社科职业教育项目中,青年基金项目在一般项目总数中占比为 44.5%。对比分析,人文社科中青年群体占比明显高于教科规划,但总体而言,青年研究群体的科研实力仍较为薄弱,有待提升。

五、职教立项课题单位所属类别：学校是主体，"马太效应"明显

十余年来,立项的职教课题隶属单位分化比较明显(见表 10-10 和表 10-11)。第一,普通高校和职业院校成为研究主体。进一步分析立项课题的责任单位隶属系统的数量和分布状况,发现:全国教科规划课题中,271 项职教立项课题集中于普通高校,占比 48.39%;224 项课题集中于职业院校,占比 40%。教育部人文社科课题中,187 项课题集中于普通高校，占比 43.59%;242 项课题集中于职业院校，占比 56.41%。2011—2023 年,普通高等学校和职业院校的立项数分别达到 88.39 和 100%,是教科规划和人文社科职业教育课题立项单位的主力军。高等学校是我国职业教育研究的中坚力量,具备明显的人才优势和较强的科研实力。职业院校是进行职业教育的主阵地,统计发现,职业院校在人文社科课题中的占比率大于教科规划。

第二,其他单位的职教国家立项课题数占比较小。62 项课题集中于科研机构,占比 11.07%,2 项课题集中于党政机关,占 0.36%。普通高校、职业院校、科研机构、党政机关四大系统中,科研机构、党政机关仅占立项课题总数的 0.18%。由此可见,除普通高校和职业院校以外的其他类型的教育机构对职业教育关注较少，真正增强职业教育吸引力、实现高质量发展还需更多社会力量的支持。

第三,"马太效应"明显,职业院校中的"双高校"成为研究主力军。"双高计划"院校是被教育部所认可的高职院校,这些单位在课题立项中"拔得头筹",形成强劲的科研优势,它们是我国职业教育研究的中坚力量。然而,对于绝大多数普通职业院校而言,成功立项课题并不容易,而且强势院校很容易形成"愈申愈强,愈强愈中"的马太效应,加剧学界资源分配的不均。①

---

① 陆宇正,刘红.我国职业教育研究的基本样态、特征与省思——基于 1981—2022 年全国教育科学规划课题的统计分析[J].中国职业技术教育,2023(12):39-50.

表 10-10 教科立项课题单位

系统	立项课题数	占比
职业院校	224	40%
普通高校	271	48.39%
科研机构	62	11.07%
党政机关	2	0.36%
其他	1	0.18%

表 10-11 教育部人文社科立项课题单位

系统	立项课题数	占比
职业院校	242	56.41%
普通高校	187	43.59%

表 10-12 "双高计划"院校占比

课题	"双高计划"院校数	职业院校数	"双高计划"院校占比
教科规划	105	224	46.88%
人文社科	147	242	60.745

第三节　国家职教课题研究的核心问题

以"立项课题名称"为分析对象,把握职业教育科研的分布与发展概况,捕捉职业教育研究热点,进而对 10 余来年我国职教科研做出整体性判断。高频关键词是课题研究领域的指示性标识,本研究运用"微词云"统计工具对课题关键词进行处理和统计分析,分别设置提取两个及以上字数、三个及以上字数、四个及以上字数的关键词,按照出现频次从高至低分别进行排序,同时,删除"职业教育"等无统计价值的词语,合并相同语义的词汇,如对"中等职业""中职"进行合并分析。本研究主要选取出现 6 次以上次数的四字高频关键词(见图 10-7),然后进行词频统计,生成国家职教研究

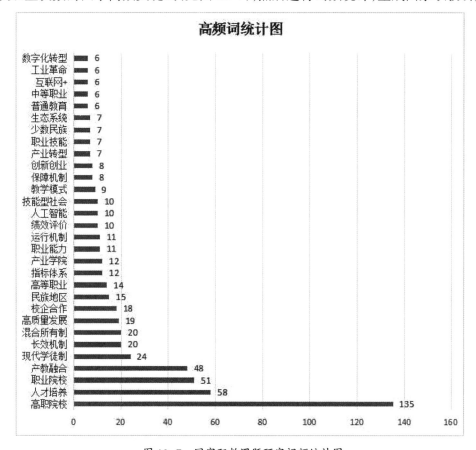

图 10-7　国家职教课题研究词频统计图

词云图(见图 10-8),并对高频关键词进行聚类分析,形成课题研究核心主题,即职业教育发展战略、职业教育办学模式、技术技能人才培养以及职业教育治理。

图 10-8　国家职教课题研究词云图

一、职业教育发展战略

职业教育是我国教育体系的重要组成部分,是培养高素质技能型人才的基础工程。党的二十大报告对职业教育的表述如下:"教育、科技、人才是全面建设社会主义现代化国家的基础性、战略性支撑";"统筹职业教育、高等教育、继续教育协同创新,推进职普融通、产教融合、科教融汇,优化职业教育类型定位";"推进教育数字化,建设全民终身学习的学习型社会、学习型大国"。推动职业教育内涵式发展,办人民满意的职业教育,不断提升职业教育的市场适应性、社会吸引力和经济贡献率,是全面建设社会主义现代化国家的战略性工程,也是现代化经济体系建设的基础性工程。近年来,党和国家对职业教育的重视程度不断加强,《中华人民共和国职业教育法》(2022)以法律形式明确了职业教育的类型教育定位,党的二十大再次强调优化职业教育类型定位,将职业教育置于国家战略发展高度,因为职业教育承担着服务经济社会发展的重要使命,职业教育被赋予服务个体发展以及经济社会发展的重要使命。那么,建设什么样的职业教育,如何建设具有中国特色的现代职业教育,如何使职业教育更好服务技能型社会建设, 如何为实现第二个百年奋斗目标和中华民族伟大复兴的中国梦提供更为坚实的人才保障等,成为职业教育发展的"时代之问"。

回答职业教育如何发展的时代之问,既需要教育界和社会各界的共同努力,也需要理论和实践的协同发展、同频共振。职教科研是理论的重要组成部分,国家级立项课题则更是理论界的方向标。综观十余年的国家级立项课题,"职业教育" 出现385次,"高质量发展"出现19次,"技能型社会"出现10次。一方面,职业教育研究主题涉及广泛,既关注职业教育理论、政策,还关注职业教育体制机制以及治理,既关注职业教育信息化、国际化,还关注指标与评价评估体系、职业道德精神、课程与专业建设以及教师队伍建设等等。另一方面,职业教育研究的主题同"高质量发展""技能型社会"等时代发展背景紧密结合,及时反映经济、时代、国家对职教发展的要求。职教科研是职业教育事业的重要组成部分,攻克职业教育发展难题,实现职业教育决策科学化、治理体系和治理能力现代化以及高质量发展, 迫切需要职教科研把握时代脉搏和教育规律,提供有效科研供给。

二、技术技能人才培养

职业教育的一项重要使命在于培养经济社会发展所需高技能人才, 这必然要求职业院校在深化改革的过程中不断勇于探索高技能人才培养新模式和新路径。[①]立项

---

① 谢晶晶.以产教深度融合助力中国式现代化建设——市域产教联合体和行业产教融合共同体建设案例经验与启示[J].科教文汇,2023,(18):7-11.

课题中,"人才培养"出现 58 次,可见其在职业教育中的重要地位和作用,涉及人才培养全方位与全过程,如培养层次、课程与专业建设、职业能力、学徒制等。

从培养层次来看,"高职院校"出现次数最多,为 135 次,"中等职业""中职"分别出现 6 次和 24 次,说明更多高质量的研究成果聚焦于高等职业教育人才培养。职业教育是人才培养的蓄水池,包括中等职业教育和高等职业教育两个层次,高等职业教育是职业教育体系中的高层次教育阶段,通过系统的课程设置和专业的实践教学,培养具备专业技能和实践经验的高素质人才,为技能型社会建设提供源源不断的具有更强专业性和应用性的人才支持。"高职人才培养"出现 5 次,"高职 + 课程"出现 11 次,"高职 + 教学"出现 21 次,"高职 + 机制"出现 36 次。可见,高职院校在人才培养、课程与教学、体制机制等方面的创新性实践为高等职业教育的持续发展提供了动力和支撑,吸引了更多关注和研究,形成了高质量研究成果。中等职业教育是应用型人才培养体系的基础教育,是职业教育的重要组成部分,相比较高职而言,中职地位不稳、质量不高、认可度低,中职学校科研能力不强等因素导致其成为研究薄弱点。

从课程与专业建设来看,"课程"出现 24 次,"专业"出现 59 次。研究者聚焦职业教育课程体系建设、不同阶段课程建设及有效衔接、课程信息化、课程模式与应用、中外课程建设比较等等方面。课程与专业设置是人才培养的核心环节,课程建设是专业建设的重要内容,也是专业建设的重要基础。对课程与专业的深入研究、剖析,既有利于指引职业教育课程改革、提高职业教育整体质量,也有利于提高学校的竞争力、学生的创新思维能力,使课程建设不断更新,符合时代与社会的要求。

从职业能力来看,"职业能力"出现 11 次。研究内容上,侧重职业能力标准、测评、培养以及提升;研究对象上,重点关注职业院校的教师和学生,也涉及农民工、新型职业农民等少数群体。教师与学生是职业院校以及职业教育主体,对其职业能力的标准、测评、培养和提升进行体系化研究,有利于提高技能人才的综合素质与技能水平,进一步提高教学与学习效率。

"学徒制"是职业教育培养人才的有效途径,其中"学徒制"出现 32 次,"现代学徒制"出现 24 次,"中国特色学徒制"出现 4 次。学者对学徒制的探究从未停止,现代学徒制成为当前职教发达国家的共同选择,是职业教育发展趋势和主导模式,也是深化产教融合、校企合作的有效途径;中国特色学徒制是我国的制度设计,强调'学历 + 技能'双轨协同培养模式。现代学徒制是实现产业、企业主导的最佳载体和平台,是促进产教深度融合、校企紧密合作的落地之举,是驱动职业教育高质量发展,推动实现职业教育现代化的根本途径。①职教科研领域深化学徒制研究,如探讨现代学徒制的制度设计及实践模式,实施机制与实现路径等,必将更好地指导实践,充分调动企业参与职业技术教育的积极性、主动性,带来技术技能人才培养模式的根本性变革。使职业教育更加符合技术技能人才成长规律,有效地改变现有"两张皮""三段式",或"理论＋实习"传统培养模式,真正培养出具有较高职业素养,与企业生产工作岗位相匹配并具有职业发展和迁移能力的技术技能人才, 从而将职业技术教育的人才培养目标真正落到实处。

三、职业教育办学模式

为满足经济社会发展需要,提高人才培养质量,加强技术技能人才综合职业能力培养,职业教育办学模式改革与创新始终是研究者关注的重点,其中"产教融合、校企合作""混合所有制""产业学院"堪当榜首。"产教融合"和"校企合作"共出现66次,其中"产教融合"出现48次,"校企合作"出现18次。"混合所有制"出现20次,"产业学院"出现12次。

随着职业教育改革重心由"教育"转向"产教",产教融合、校企合作已经成为现代职业教育的基本特征与制度设计,旨在促进理论与实践相结合,学生掌握的知识和技能与企业需求紧密结合,提高人才培养规格与质量。研究内容主要聚焦在办学模式的运行发展机制、改革中存在的关键问题与突破障碍,并提出建设性建议与策略。从微观层面来讲,这些研究有利于实现产业与教育的有机结合,其意义在于促进人才培养与就业对接、推进教育与产业协同创新、促进产业升级与创新发展、培养适应社会需求的高素质人才、加强社会责任和社会影响力。从职业教育整体而言,这些研究将对深化职业教育办学模式改革、破除体制机制障碍、完善职业教育体系建设、加强职业教育适应性产生重要意义。

---

① 赵鹏飞,陈秀虎."现代学徒制"的实践与思考[J].中国职业技术教育,2013(12):38-44.

任何改革都不是一帆风顺的,正如职业教育办学模式也是一步步艰难探索中。职业教育的生命力在于其应用性和实践性,"产教融合"是深化职业教育改革的核心一环,行业产教融合共同体、市域产教联合体、产业学院等形式的提出与探索发展,反映出国家政策、社会各界对产教融合的重视。但在改革的过程中,校热企冷、组织壁垒等问题频频存在,这也正是职教科研所重点关注的部分。协调好各方利益、实现提高职业教育办学质量的同时促进地方经济发展的"双赢",是广大职教理论研究者和实践者的共同期冀。

四、职业教育治理

职业教育治理旨在推进职业教育内涵式发展,提升职业教育质量,实现价值理性与工具理性的有机统一。研究者对职业教育治理的关注聚焦在"数字化(信息化)转型""生态系统""标准体系""指标体系""评价体系"等方面。

"数字化""信息化"共出现 8 次,"互联网+"出现 6 次,研究者将职业教育置于数字化、信息化或者"互联网+"背景下,观察思考职业教育的数字化转型发展与优化升级,如数字化转型成熟度、数字化水平测度与治理等。数字化是世界科技革命和产业变革的先机,是世界各国抢占未来发展制高点、塑造国际竞争新优势的重要力量。充分发挥数字技术对教育高质量发展的放大、叠加、倍增作用,逐步解决教育发展不平衡不充分问题,[1]数字化赋能职业教育,既是职业教育高质量发展的必然要求,也是教育数字化的重要内容,更是加快建设教育强国、实现中国式现代化的关键一环。职业教育要增强适应性,必须抢抓数字化发展契机,用数字化思维系统谋划和推动职业教育改革发展,驱动培养目标、教育内容、教学模式、评价方式、教师能力、学习环境等全过程数字化变革,适应数字化时代快速发展的市场需求和人才多样化成长需求。[2]职

① 教育部. 依托数字化重塑职业教育新生态 [EB/OL].(2022-06-6)http://www.moe.gov.cn/jyb_xwfb/moe_2082/2022/2022_zl12/202206/t20220606_635008.html

② 弋凡,周潜,陈香好,林洽生.以数字化赋能职业教育高质量发展助力教育强国建设(笔谈)[J].中国职业技术教育,2023(7):18-25.

业数字化是个复杂的系统工程,需要做好信息化平台与信息化教学能力建设、学习空间建设等,数字化赋能实训智慧工场、云课程开发、课堂教学重构、校企合作人才培养模式等。

"生态系统"出现7次。近年来,职教科研领域越来越多的运用生态学理论分析、解释职业教育问题。职业教育的职业性使其与行业企业及整个社会系统存在天然联系,因此,可以把职业教育系统类比为一个复杂的生态系统,[①]其变革与规划也是复杂的社会问题。立项课题涉及"创新创业生态系统""校企合作产教融合生态系统""科技成果转化生态系统""区域或高等职业教育生态系统"研究等,将职业教育问题视为整体,从生态系统的承载力、生态系统构建及其运行机制等视角展开深入研究。

"标准体系""评价体系"和"指标体系"分别出现8次、11次和12次。标准既是规范职业教育活动的准则,也是检验职业教育质量的基准。立项课题重点围绕"职业标准体系""职业核心素养标准体系""应用技术型高校标准体系""质量管理标准体系""教学标准体系""教师专业能力标准体系""教材评价标准体系"探讨规范职业教育领域重要实践活动的标准体系建构。评价体系与指标体系研究一直以来是广大职教科研者共同关注的核心主题,涉及"产教融合及效能""校企协同发展耦合度""德育""数字质量""骨干专业群""师资培训质量""职业本科教育质量"评价体系研究。与此同时,研究者们勇担时代创新使命,寻找新的切入点,将评价体系同"非遗扶贫产业化""双一流建设""后示范时期"等相结合,不断赋予评价体系研究新视域。

---

① 徐晔.高等职业教育智能生态系统:内涵、结构与实践路径[J].中国远程教育,2021(7):18-24.

第四节　国家职业教育课题研究的政策构想

一、加强职教研究的政策指引与支持

政策是为了实现一定目标和任务而制定的决策或行动方案,具有目的性、指导性和规范性。政策不仅是官方声明或文件,更是为了解决特定问题或实现特定目标而采取的行动方向。职业教育科研发展离不开政策的指引与支持。

第一,引领职教科研的目标与方向。政策能够为职业教育科研提供明确的方向、目标和支持,促使研究者更加聚焦关键问题,开展针对性研究。政策指引是宏观发展方向的把握,全国教育科学规划领导小组和教育部人文社科领导小组作为国家级课题的负责部门,应当指引职教研究关注技术、经济和社会变革对职业教育的影响,准确判断形势和把握时代脉搏,进一步提升职业教育科学研究的主动性、预见性和前瞻性,提出具有重大价值意义的选题,立足构建中国特色职业教育科研体系,发布课题指南,为职教科研提供方向指引。

第二,助力职教科研的顺利推进。职业教育科研一般分为"课题选定、方案制定、研究实施和成果表达"四个部分,政策贯穿职教科研的整个落实情况,职教科研的每一步推进都与政策工具的有效性密不可分。选题阶段,以课题指南明确国家或地区的职业教育发展方向、政策重点和亟须解决问题,帮助研究者选择与政策相关主题,进而确保研究能对社会和教育体系产生实际意义。方案制定和研究实施阶段,不仅需要政府的经费支持,还需要政府出台相关政策助力研究的实施,如鼓励和支持产学研合作,设立奖励机制,鼓励高校、研究机构和行业企业共同合作开展研究,确保研究主题具有实际应用性。成果表达阶段,采用经费支持、平台搭建、信息推广等多种方式,鼓励课题研究成果的发表,将高水平研究成果纳入政策制定,推动职教改革。

第三,营造良好科研环境,助力职教科研成果的评估与应用。考察科研成果是否产生积极的社会效应以及积极效应的可持续性,并对科研成果进行激励与评价。制定

激励与奖励政策助力提升科研效率,激发科研创新活力,促进科技成果的快速转化和应用。政策要求将最新科研成果融入教育教学实践,提高教育质量和实效性。比如召开职业教育课题成果发布会等,支持科研成果转化,把课题成果推广出去,既接受社会检验,又扩大课题成果的社会影响及成果受益面。

二、加快构建职教研究共同体

我国地域辽阔,七大地区面临的经济、社会背景差异较大,各种因素的相互影响、作用之下,我国职业教育实践变得多样化和复杂化。根据职教立项课题的区域、单位、课题申报人年龄分布统计结果,职教研究明显存在分布不均、力量悬殊的情况。随着我国经济社会的不断发展与转型,职业教育领域的理论和实践问题日趋复杂化,个体或单一团体将很难在核心研究领域取得突破性进展, 合作研究的需求与价值日益凸显。[①]构建跨域职教研究共同体,以改变以往个体孤立研究的工作方式,以跨区域互动协作方式,在省域之间、高等学校之间、不同群体之间开展科研交流互动,围绕职业教育领域中的重大理论与实践问题研究,通过形成共同的职业教育愿景,优化职教研究资源配置、提升研究水平,推动职业教育领域的理论与实践创新。

第一,构建跨区域、跨学校、跨年龄的职教研究共同体。一是构建跨区域研究共同体。经济与教育资源发达的省份地区具有雄厚的研究实力,华东地区、华北地区和华中地区发挥区域带动辐射作用,可向西北地区、东北地区等研究实力较为薄弱的地区提供技术、智力等方面的支持与合作。二是构建跨学校研究共同体。"双一流"和"双高计划"高校以及职业教育研究实力强劲的院校应发挥带头作用,与其他薄弱院校建立合作机制,促进资源共享、信息互通,提升职教学术水平和科研影响力。三是构建跨年龄研究共同体。加强不同年龄段科研工作者的学术交流与合作,尤其注重对青年科研工作者群体的引导与扶持,在科研工作开展之初,他们往往会面对各种问题,独立自

---

① 刘振天,肖瑜.新世纪以来我国教育学科重大课题攻关项目研究现况、趋势[J].中国远程教育,2022(12):1-7+82.

主开展科研工作时,其研究基础、科研资源和竞争力相对较弱。因此,不同年龄段的科研工作者结成研究共同体,有助于"以老带新",扶持科研新生力量,让青年研究群体潜心钻研、尽展其能。

第二,构建跨领域职教研究共同体。社会性和实践性是职业教育的显著特征,也是职业教育类型定位不同于普通教育的根本区别,这种特性使构建跨领域职教研究共同体成为职教科研高质量发展的题中应有之义。职业教育体系不是孤立存在的,是由学校、政府、行业、企业、科研机构等多类型多主体构成的利益共同体,因此职业教育的科研工作也绝非是理论工作者的"独自狂欢"与"纸上谈兵"。在这个庞大的体系中,各方诉求、目标、愿景不尽相同,科研工作需在广泛调研的基础上,加强多方沟通与合作,推动职教科研工作解决职业教育发展进程中亟须解决的问题。

第三,加强体制机制和平台建设。构建职业教育研究共同体需要综合考虑多方面因素、确保合作有效性与可持续性的系统工程。加强平台建设是确保协作高效进行的重要一环,是共同体成员之间进行信息传递与共享、知识交流与共建的重要阵地。优化体制机制建设是关键。建立机构间的横向与纵向协同保障机制,实现不同机构、不同领域、不同层次之间的有效协同;建立科学的评估机制,定期评估共同体的研究成果、影响力和合作效果,以便及时调整方向和策略。

三、加强职教科研自身建设

通过对 10 余年国家职教立项课题的研究发现, 立项课题基本符合我国职教政策,对职业教育改革与发展过程中的关键问题、热点难点问题展开研究,充分彰显了职教研究以及科研工作者的责任感和使命感。与此同时,职教科研工作也面临问题和困境。一是职教研究紧随国家政策的同时,从某种程度上反映出我国职教研究引领性的缺失; 再从职教研究与职教实践的关系来看, 目前是丰富的职教实践倒逼科研推进,而非研究引领实践。二是从课题研究主题看,现有主题注重现实,自身建设缺少思考,即职业教育研究偏重社会发展、院校办学、人才培养等实际问题,而对职业教育学科建设的基本理论问题的研究偏少。学科的权威性是基于普遍接受的方法或真理产生的,而不只是"唯新""唯热"。[①]因此,需要加强职业教育科研自身建设,提升我国职教研究水平,多出高质量的职教研究成果。

第一,发挥职教研究的引领性与前瞻性。虽然很多课题的立项是在相关政策出台后,固然有助于促进政策推进、评估政策效果并为政策改进提供建设性建议。但是职教研究者也应当积极地承担支持和引领教育政策制定的角色,而不仅仅是服务政策实施,这是科研工作的使命与任务所在。思维层面上,需要研究者具备前瞻性的视野和深入洞察未来职业教育发展的思维能力;实践层面上,需要研究者深入了解国家、区域乃至全球范围内的教育趋势、经济发展和技术变革等方面的信息,提前发现并解决职教领域的关键问题,为政策制定提供更为全面和深入的依据,通过与产业界、社会机构以及政府相关部门的紧密合作,将研究成果及时转化为可操作的政策建议。这种协作关系有助于确保研究的实用性和可行性,同时提高政策的有效性,这要求领先于政策的职教研究在深度、广度和创新性上不断追求卓越。只有如此,研究才能真正成为引领职教政策制定、推动职教发展的重要力量。为此,职教科研工作者应秉承"先行、开创"的理念,推动更多的研究成果纳入我国政策制定,通过课题研究的决策咨询与智库作用引领我国职业教育的科学化发展。

第二,加强职业教育自身学科理论问题研究。有关部门在规划职业教育课题立项过程中,要遴选出更多具有创新价值的课题,或者给学者更多自由申报选题的空间,引导学界对基本理论问题开展深入研讨,推动我国职业教育研究的提质进阶。

第三,构建具有中国特色的职业教育科研。在广泛研究、学习他国经验基础上,提升我国职教科研人员的专业化水平、研究方法和手段的科学化程度,增强职业院校教师和相关行政管理部门人员对理论的需求,扎根中国大地开展职业教育研究,以加快构建具有中国特色、中国风格、中国气派的职业教育学科体系、学术体系和话语体系,加快推进职业教育现代化,增强我国职教研究的国际影响力。

---

① 华勒斯坦,E.等.学科·知识·权力[M].刘健芝,等编译.北京:生活·读书·新知三联书店,1999:
13.

后 记

　　职业教育作为类型教育的重要特征是职业教育不仅要服务个体全面发展，还要服务经济社会发展。因此，研究职业教育不仅要思考教育场域的事情，更要将其置于经济社会场域之中展开。近几年笔者尝试突破教育之思维局限，转从技能型社会建设视角思考如何实现我国职业教育的高质量发展以及其使命担当。前者已于 2022 年由山西人民出版社以《技能型社会建设背景下职业教育高质量发展研究》为题出版，后者即本书《技能型社会建设与职业教育的使命担当》，是前书未竟话题的继续和延伸。技能是强国之基，立业之本，建设技能型社会是实现人才强国以及中华民族伟大复兴的国家战略。培养经济社会发展所需的技术技能型人才、能工巧匠与大国工匠，以高质量发展助推技能型社会建设，是当前我国职业教育的重要使命担当。

　　本书是笔者所在团队近几年围绕"职业教育赋能技能型社会建设"研究主题共同努力的结果，与团队近几年的期刊论文、硕士学位论文以及学术例会研讨主题相互关联和支撑。其中，我本人负责全书的设计、写作与统稿，各个章节还得到团队其他成员的大力支持，分别是：王慧泽（第一章、第六章和第七章）、陈雨欣（第二章）、王迎春（第三章）、韩阳阳（第四章）、王珏（第五章和第九章）、陈晓煜（第八章）、刘诗雨（第十章），李孟彦、丁佳媛等同学则参与了参考文献的校对工作。职业教育赋能技能型社会建设涉及内容多，本书仅从某些方面进行探讨，未重点关注和深入分析的内容有待进一步研究，欢迎读者对本书不足之处给予批评指正。

　　书稿完成不易，从选题确定到框架搭建、再到定稿交付出版社，历时三年有余，期间因故一拖再拖，几近放弃，幸得众多职教朋友的鼓励与支持。这里特别感谢山西大学继续教育与职业教育研究中心桑宁霞教授和闫卫平教授的支持与帮助，谨以此书献给两位良师！感谢团队成员的共同努力，以此纪念我们曾经度过的美好研讨时光！感谢三晋出版社落馥香编辑为本书出版所提供的热情帮助和大力支持！

贾 旻

2023.12.29